数字赋能成渝地区双城经济圈产业高质量发展研究

孙 畅 著

中国财经出版传媒集团
中国财政经济出版社
·北京·

图书在版编目（CIP）数据

数字赋能成渝地区双城经济圈产业高质量发展研究／孙畅著. -- 北京：中国财政经济出版社，2025.4.
（成渝地区双城经济圈与区域协调发展丛书）. -- ISBN 978-7-5223-3882-8

Ⅰ. F127.711；F127.719

中国国家版本馆 CIP 数据核字第 20254Z0Z63 号

责任编辑：彭　波　　责任校对：徐艳丽
封面设计：卜建辰　　责任印制：史大鹏

数字赋能成渝地区双城经济圈产业高质量发展研究
SHUZI FUNENG CHENGYU DIQU SHUANGCHENG JINGJIQUAN CHANYE GAOZHILIANG FAZHAN YANJIU

中国财政经济出版社 出版

URL：http：//www.cfeph.cn
E-mail：cfeph@cfeph.cn

社址：北京市海淀区阜成路甲 28 号　邮政编码：100142
营销中心电话：010-88191522
天猫网店：中国财政经济出版社旗舰店
网址：https：//zgczjjcbs.tmall.com
涿州汇美亿浓印刷有限公司印刷　各地新华书店经销
成品尺寸：170mm×240mm　16 开　12 印张　184 000 字
2025 年 4 月第 1 版　2025 年 4 月河北第 1 次印刷
定价：68.00 元
ISBN 978-7-5223-3882-8
（图书出现印装问题，本社负责调换，电话：010-88190548）
本社图书质量投诉电话：010-88190744
打击盗版举报热线：010-88191661　QQ：2242791300

前　　言

随着互联网、大数据、人工智能等现代信息技术的不断突破，数字化已成为驱动产业转型升级、提升产业现代化水平的重要动能。党的二十大报告提出“加快发展数字经济，促进数字经济和实体经济深度融合”，党的二十届三中全会再次强调“健全促进实体经济和数字经济深度融合制度”，为新征程加快推进经济高质量发展、培育和发展新质生产力吹响了奋进号角。成渝地区双城经济圈位于“一带一路”和长江经济带交汇处，具有连接西南西北，沟通东亚与东南亚、南亚的独特优势，是带动全国高质量发展的重要增长极和新的动力源，在国家发展大局中占据重要战略地位。在经济高质量发展新阶段和数字经济发展新背景下，成渝地区双城经济圈产业发展应符合新科技革命背景下产业变革的演进趋势，探索数字赋能成渝地区双城经济圈产业高质量发展的逻辑机理和现实路径，对于推进成渝地区双城经济圈产业数字化转型，深化数字经济与实体经济融合发展，构建产业竞争新优势具有重要意义。

本研究以“数字经济与实体经济深度融合”“成渝地区双城经济圈高质量发展”为背景，以“深化数字化转型，引领高质量发展”为目标，围绕数字赋能成渝地区双城经济圈产业高质量发展问题展开理论研究和实践探索，全书共7章。

第1章，绪论。阐述研究背景和研究意义，提出研究思路，构建研究框架，具体论述研究方法及技术路线，是对本研究的总体概述。

第2章，相关理论及文献综述。对数字赋能、数实共生以及产业高质量发展的概念进行界定。阐述相关理论，对数字经济、产业高质量发展、成渝地区双城经济圈等相关文献进行梳理和述评，为本研究提供参考和借鉴。

第3章，数字赋能产业高质量发展的理论框架构建。基于共生理论构建数字经济与产业融合共生系统，分析其基本构成要素及阶段特征，并从资源要素、链条重塑、业态创新等维度对数字赋能产业高质量发展的机理进行解析。

第4章，成渝地区双城经济圈数字经济与产业发展现状分析。从数字基础设施、数字产业发展、数字发展支撑等方面对成渝地区双城经济圈数字经济发展现状进行分析，从发展规模、发展结构、发展效率等方面对成渝地区双城经济圈服务业和制造业发展现状进行分析。

第5章，成渝地区双城经济圈数字经济与产业融合共生水平测度分析。构建数字经济与产业融合共生综合评价指标体系，借鉴容量耦合系数模型构建融合共生评价模型，对成渝地区双城经济圈数字经济与产业融合共生水平进行测度，从时变演化、空间特征、产业差异等方面展开分析，并对数字经济与产业融合共生的类型进行划分，为本研究提供现实基础。

第6章，成渝地区双城经济圈数字赋能产业高质量发展的模式选择。借鉴国内外数字化与产业高质量发展的经验和启示，提出数字赋能产业高质量发展模式，基于成渝地区双城经济圈数字经济与产业发展基础，探索成渝地区双城经济圈数字赋能产业高质量发展的模式选择。

第7章，数字赋能成渝地区双城经济圈产业高质量发展的实现路径。基于成渝地区双城经济圈自身优势，聚焦数字化阶段发展重点，以加速数字化转型为主攻方向，从系统内部融合和优化外部环境两个维度，对数字赋能成渝地区双城经济圈产业高质量发展的实现路径进行设计，打造数字化背景下成渝地区双城经济圈产业竞争新优势。

孙　畅

2024 年 12 月

目　录

第 1 章

绪　论

1.1　研究背景与研究意义

1.1.1　研究背景

《国民经济和社会发展第十四个五年规划和 2035 年远景目标纲要》提出“打造数字经济新优势”，强调“充分发挥海量数据和丰富应用场景优势，促进数字技术与实体经济深度融合，赋能传统产业转型升级，催生新产业新业态新模式”，对数字化转型驱动生产方式、生活方式和治理方式变革提出了新要求。党的二十大报告提出“加快发展数字经济，促进数字经济和实体经济深度融合”，党的二十届三中全会再次强调“健全促进实体经济和数字经济深度融合制度”，为新征程加快推进经济高质量发展、培育和发展新质生产力吹响了奋进号角。数字经济已成为推动中国经济转型和产业升级的重要动能。

成渝地区是中国西部地区人口最密集、产业基础最雄厚、创新能力最强、市场空间最广阔、开放程度最高的区域，在国家发展大局中占据重要战略地位。推动成渝地区双城经济圈建设，是构建以国内大循环为主体、国内国际双循环相互促进的新发展格局的重大举措。2019 年 10 月，重庆和四川被确定为国家数字经济创新发展试验区，在数字经济要素流通机制、新型生产关系、要素资源配置、产业集聚发展模式等方面先行先试。如何充分发挥数字经济在生产要素配置中的优化与集成作用，通过数字经济与实体经济深度融合，提升实体经济发展韧性和创新能力，成为成渝地区双城经济圈建设中必须解决的现实问题。随着互联网、大数据、人工智能等现代信息技术的不断突破，数字化已成为驱动产业转型升级、提升产业链供应链现代化水平的重要动能。成渝地区双城经济圈产业发展应符合新科技革命背景下产业变革的演进趋势，在经济高质量发展新阶段和数字经济发展新背景下，探索数字赋能成渝地区双城经济圈产业高质量发展的逻辑机理和现实路径，具有重要的理论和实践意义。

1.1.2 研究意义

（1）理论意义。

①立足于数字赋能产业高质量发展，构建“数字赋能—产业数字化转型—产业高质量发展”分析框架，改进产业发展问题的研究范式。

②将共生理论、协同理论与产业经济学理论有机结合，通过学科交叉应用实现学术价值创新，拓展产业经济问题研究的理论基础。

③着眼于新经济新业态的产业发展趋势，以产业经济与数字经济的交叉视角，解析数字赋能成渝地区双城经济圈产业高质量发展的逻辑机理，拓宽产业高质量发展的研究视域。

（2）实践意义。

①落实党中央“推进数字产业化和产业数字化”“推动数字经济和实体经济深度融合”以及重庆、成都市委市政府“以大数据智能化为引领的创新驱动发展战略”“以数字技术创新应用为驱动力”等要求，为推进成渝地区双城经济圈产业数字化转型，实现经济发展质量变革、效率变革、动力变革提供新思路和新方法。

②顺应国内外产业发展趋势，充分肯定“数字经济与实体经济深度融合”的战略价值，运用“大数据智能化引领创新驱动”的战略思维，解析成渝地区双城经济圈数字经济与产业融合发展现状，阐述数字赋能成渝地区双城经济圈产业高质量发展的逻辑机理和实现路径，为推进成渝地区双城经济圈产业数字化转型，构建产业竞争新优势，实现产业高质量发展提供新途径和新模式。

③基于成渝地区双城经济圈自身优势，聚焦数字化阶段发展重点，结合国内外典型案例，针对性提出数字赋能成渝地区双城经济圈产业高质量发展的模式选择和具体路径，为推进成渝地区双城经济圈重点行业领域数字化转型，深化成

渝地区双城经济圈数字经济与实体经济融合发展提供经验借鉴和路径参考。

1.2 研究思路与研究内容

1.2.1 研究思路

以“数字经济与实体经济深度融合”“成渝地区双城经济圈高质量发展”为背景，以“深化数字化转型，引领高质量发展”为目标，从提升要素利用效率、促进产业链重塑、推动产业业态创新等维度对数字赋能成渝地区双城经济圈产业高质量发展的逻辑机理进行分析，探索数字赋能成渝地区双城经济圈产业高质量发展的具体模式和实施路径，以期为成渝地区双城经济圈产业数字化转型和高质量发展提供决策依据，为推进成渝地区双城经济圈产业数字化转型，实现数字经济与实体经济高质量融合发展，提供有益的参考借鉴。

研究整体遵循“理论→实证→对策”的一般研究过程，总体思路框架如图1.1所示。

1.2.2 研究内容

构建数字赋能产业高质量发展理论框架，分析成渝地区双城经济圈数字经济和产业发展现状，测度成渝地区双城经济圈数字经济与产业融合共生水平，借鉴国内外数字化与产业融合发展的实践经验，提出数字赋能成渝地区双城经济圈产业高质量发展的模式选择和具体路径。研究内容主要包括以下七个部分：

第1部分 绪论

阐述研究背景和研究意义，提出研究思路，构建研究框架，具体论述研究方法及技术路线，是对本研究的总体概述。

第2部分 相关理论及文献综述

对数字赋能、数实共生以及产业高质量发展的概念进行界定，明确研究对象。阐述相关理论，对数字经济、产业高质量发展、成渝地区双城经济圈等相关文献进行梳理和述评，为本研究提供参考和借鉴。

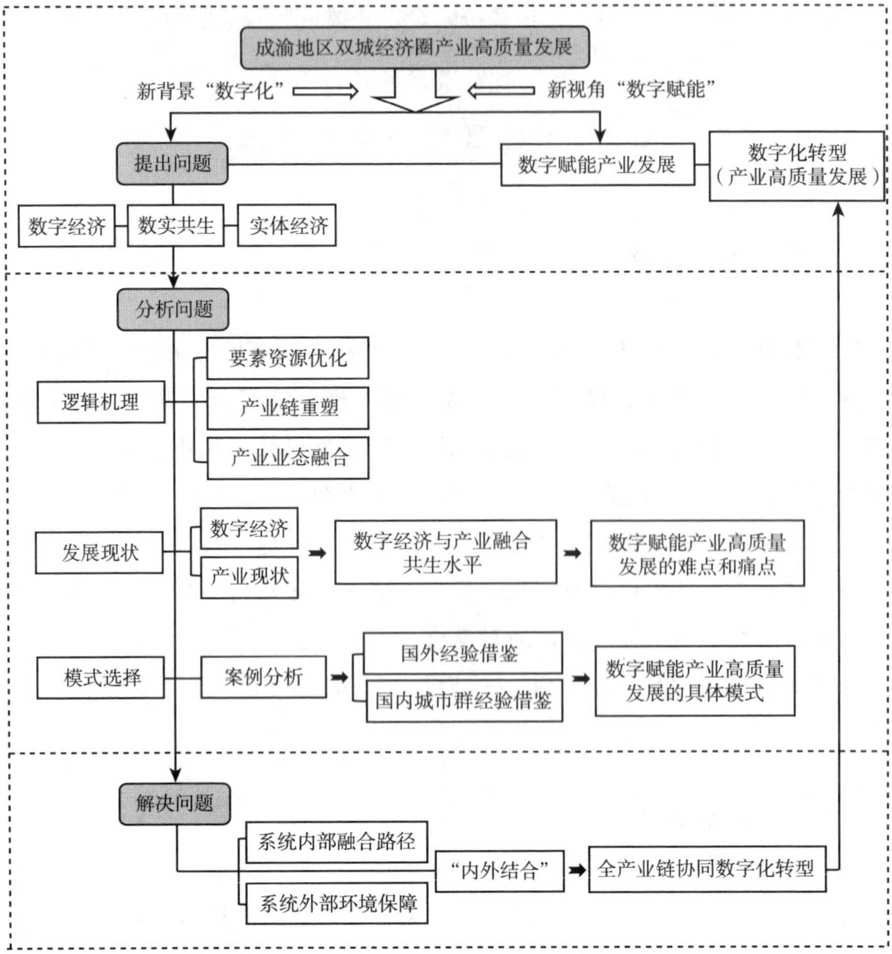

图 1.1　总体思路框架

第 3 部分 数字赋能产业高质量发展的理论框架构建

基于共生理论构建数字经济与产业融合共生系统，分析其基本构成要素及阶段特征，并从资源要素、链条重塑、业态创新等维度对数字赋能产业高质量发展的机理进行解析。

第 4 部分 成渝地区双城经济圈数字经济与产业发展现状分析

分析数字经济和产业发展的内部特征，是探究成渝地区双城经济圈数字经济与产业融合共生发展的基础。从数字基础设施、数字产业发展、数字发展支撑等方面对成渝地区双城经济圈数字经济发展现状进行分析，从发展规模、发展结构、发展效率等方面对成渝地区双城经济圈服务业和制造业发展现状进行分析。

第 5 部分 成渝地区双城经济圈数字经济与产业融合共生水平测度分析

构建数字经济与产业融合共生综合评价指标体系，借鉴容量耦合系数模型构建融合共生评价模型，对成渝地区双城经济圈数字经济与产业融合共生水平进行测度，从时变演化、空间特征、产业差异等方面展开分析，并对数字经济与产业融合共生的类型进行划分，为本研究提供现实基础。

第 6 部分 成渝地区双城经济圈数字赋能产业高质量发展的模式选择

借鉴国内外数字化与产业高质量发展的经验和启示，提出数字赋能产业高质量发展模式，基于成渝地区双城经济圈数字经济与产业发展基础，探索成渝地区双城经济圈数字赋能产业高质量发展的模式选择。

第 7 部分 数字赋能成渝地区双城经济圈产业高质量发展的实现路径

基于成渝地区双城经济圈自身优势，聚焦数字化阶段发展重点，探索数字赋能成渝地区双城经济圈产业高质量发展的实现路径。以加速数字化转型为主攻方向，从系统内部融合和优化外部环境两个维度，对数字赋能成渝地区双城经济圈产业高质量发展的实现路径进行设计，打造数字化背景下成渝地区双城经济圈产业竞争新优势。

1.3 研究方法与技术路线

1.3.1 研究方法

研究过程遵循规范研究与实证研究相结合的原则，基于共生理论、融合理论、协同理论和计量方法展开研究。研究过程综合使用了文献研究法、规范分析法、实证分析法、案例分析法、系统分析法等研究方法。

（1）文献研究法。从国内外相关研究文献资料中，归纳总结理论框架及实践经验，为本研究提供基础和借鉴。

（2）规范分析法。研究框架基于共生理论、融合理论、协同理论及产业经济相关理论构建，研究结论更具理论依据性和问题解释力。

（3）实证分析法。采用计量经济学和统计学研究方法，设计评价模型，较全面地反映成渝地区双城经济圈数字经济与服务业、制造业融合发展情况。

（4）案例分析法。选取典型案例，分析国内外数字化与产业融合的经验和启示，探索数字赋能成渝地区双城经济圈产业高质量发展的具体模式。

（5）系统分析法。从数字赋能成渝地区双城经济圈产业高质量发展的机理、现状、模式、路径等方面对数字化背景下成渝地区双城经济圈产业高质量发展问题进行系统的研究。

1.3.2 技术路线

本研究按照“提出问题—分析问题—解决问题”的研究框架展开，技术路线如图 1.2 所示。

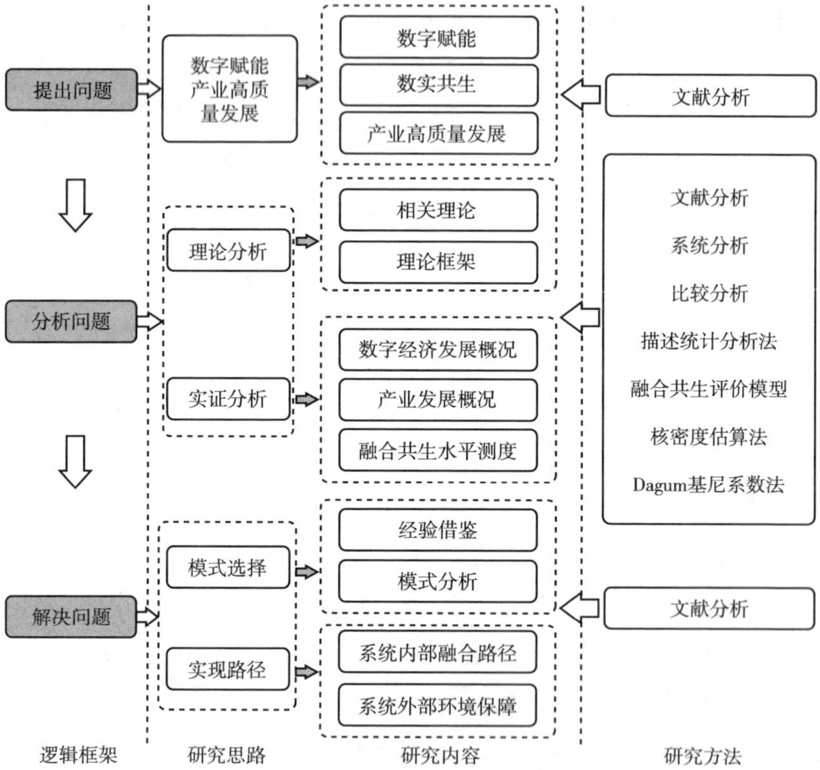

图 1.2 技术路线

第 2 章

相关理论及文献综述

对数字赋能、数实共生以及产业高质量发展的概念进行界定，明确研究对象；对共生理论、耦合理论、协同理论进行梳理，奠定理论基础；对数字经济、产业高质量发展及成渝地区双城经济圈等相关文献进行归纳整理，为本研究提供参考和借鉴。

2.1 概念界定

2.1.1 数字赋能

“赋能”最初是心理学概念，指通过特定的方式，给予他人正向激励，以最大限度发挥个人能力。后来这一概念被运用到组织学、社会学、管理学等多个学科。例如，从组织学角度看，“赋能”是指通过改变组织结构、文化、资源、权力和个人心理等方面，最大限度地发挥个人或组织潜能，提高个人或组织的行动能力和工作效率，促进个人或组织获得过去所不具备的能力或不能实现的目标①；从社会治理角度看，“赋能”是指通过各种手段和方式赋予弱势群体参与活动、处理事务、获取资源、融入社会的能力和权利，以此激发其内

① 王丹，刘祖云．乡村“技术赋能”：内涵、动力及其边界［J］．华中农业大学学报（社会科学版），2020（3）：138－148＋175．

在的自我效能感，增强对外界和他人的影响力，从而达到更好的生活状态①。总体来看，“赋能”最重要的意义在于“赋予他人某种能力”，并且发挥这种能力改善被赋能对象的生活状态。随着数字经济的发展，“数字赋能”概念应运而生，数字赋能是数字经济时代对赋能理论的丰富与拓展，涉及经济社会发展的各个领域。目前，对于数字赋能的概念尚未形成统一的定义，由于研究视角的不同，在表述上也存在较大差异，已有研究多从数字能力视角和数字革新视角对数字赋能的内涵进行划分和界定。

（1）基于数字能力视角。基于数字能力视角下的研究更加强调数字经济如何提升或改变被赋能主体的各种能力。Hermansson 等（2011）最先提出数字赋能是大数据、移动互联等技术赋予人们应对或解决问题的能力，进而从“无能或弱能”变成“有能”②。通过对数字技术的应用，最大限度地发挥出数字技术赋予的能力，使生活得到进一步的发展（杨嵘均和操远芃，2021）③。关于数字赋能的具体能力，Lenka（2017）从企业角度出发将数字赋能划分为分析能力、智能能力以及连接能力，即通过分析大数据获得有价值信息的能力、生产过程中自主解决问题的能力以及连接和控制企业组织所有流程的能力④。随着数字经济的发展，大数据、区块链、云计算、人工智能等新的数字技术，数字平台、电商直播等数字技术新的应用场景以及数据作为新的生产要素出现，数字赋能中的数字能力得到了新的划分，即数字组织能力、数字运营能力以及数字共创能力，具体而言，数字组织能力是指通过对大数据的分析利用，生成数字驱动平台运营和组织化管理的能力；数字运营能力是指企业利用数字技术，开发智能集成系统、优化评级系统、完善柔性供应链系统的能力；数字共创能力是指企业借助数字技术生成的机会共同识别、资源共同匹配、项

① 沈费伟．乡村技术赋能：实现乡村有效治理的策略选择［J］．南京农业大学学报（社会科学版），2020，20（2）：1－12.

② HERMANSSON E，MARTENSSONL. Empowerment in the midwifery context a concept analysis［J］. Midwifery，2011，27（6）：811－816.

③ 杨嵘均，操远芃．论乡村数字赋能与数字鸿沟间的张力及其消解［J］．南京农业大学学报（社会科学版），2021，21（5）：31－40.

④ LENKA S，PARIDA V，WINCENT J. Digitalization capabilities as enablers of value co－creation in servitizing firms［J］. Psychology & Marketing，2017，34（1）92－100.

目共同运营的能力（周文辉等，2020）[①]。数字赋能被进一步定义为利用大数据、云计算、人工智能、3D 打印等数字技术，创新数字技术的应用场景，提升企业创新能力、资源配置能力以及重新组合要素的能力，解决过去不能解决的问题（陈剑等，2020；杨震宁等，2021；李燕凌和陈梦雅，2022）[②③④]。此外，也有研究从数据这一新的生产要素出发，将数字赋能定义为利用数据催生、激活和放大匹配效应、扩散效应、乘数效应、溢出效应、公平效应，提升主体解决问题的能力，并创新数据应用场景，实现数据价值（孙新波等，2020；王胜等，2021）[⑤⑥]。

（2）基于数字革新视角。基于数字革新视角对数字赋能的研究更为强调数字经济下数字技术、数字平台等对传统产业的影响以及对生产方式的改变。数字经济具有低成本、高渗透性的技术特征，以数字技术为支撑，以低成本、来源广、高效率的数据为关键要素，打破市场交易的时空限制，打通不同层级与不同行业间的数据壁垒，创造新产业、新业态、新商业模式，从而形成新的市场载体结构，提升传统产业生产效率，实现需求侧供给侧改革（祝合良和王春娟，2021；李天宇和王晓娟，2021）[⑦⑧]。因此，数字赋能是利用数字技术与各行业融合，释放数据要素价值，从"投入—产出—企业—产业"四个维度出发，实现"从要素驱动到数据驱动、从产品导向到用户体验、从产业关联到企业群落、从竞争合作到互利共生"的转变，推动生产方式变革、生产

---

① 周文辉，邓伟，陈凌子．基于滴滴出行的平台企业数据赋能促进价值共创过程研究［J］．管理学报，2018，15（8）：1110－1119.

② 陈剑，黄朔，刘运辉．从赋能到使能——数字化环境下的企业运营管理［J］．管理世界，2020，36（2）：117－128＋222.

③ 杨震宁，侯一凡，李德辉，等．中国企业"双循环"中开放式创新网络的平衡效应——基于数字赋能与组织柔性的考察［J］．管理世界，2021，37（11）：184－205＋12.

④ 李燕凌，陈梦雅．数字赋能如何促进乡村自主治理？——基于"映山红"计划的案例分析［J］．南京农业大学学报（社会科学版），2022，22（3）：65－74.

⑤ 孙新波，苏钟海，钱雨，等．数据赋能研究现状及未来展望［J］．研究与发展管理，2020，32（2）：155－166.

⑥ 王胜，余娜，付锐．数字乡村建设：作用机理、现实挑战与实施策略［J］．改革，2021（4）：45－59.

⑦ 祝合良，王春娟．"双循环"新发展格局战略背景下产业数字化转型：理论与对策［J］．财贸经济，2021，42（3）：14－27.

⑧ 李天宇，王晓娟．数字经济赋能中国"双循环"战略：内在逻辑与实现路径［J］．经济学家，2021（5）：102－109.

效率提升、产业深度融合以及产业结构优化（夏显力等，2019；焦勇，2020；田秀娟和李睿，2022）①②③。具体而言，在企业层面，数字经济以数据、技术、知识等为关键要素，不断整合制造、服务管理等内部资源，使企业运营更加集中化、协同化和灵活化，生产经营能力不断提高；在产业层面，物联网、云计算、区块链、大数据、人工智能等诸多新技术与不同行业紧密结合，新产业、新业态和新模式的出现促使产业优化与重构；在宏观层面，数字经济丰富了信息源，增加了新要素供给，减少了信息不对称，促进了供应链有效互联互通，优化了市场供需匹配效率，提升了全要素生产率，支撑经济和产业发展转型升级（张凤臣，2023）④。

综上所述，可以将数字赋能定义为：在数字经济背景下，通过数字技术、数字平台、数字要素的引入，赋予产业新的能力，实现产业的技术创新、资源配置优化以及生产效率提升。

2.1.2 数实共生

“数实共生”的概念最早由腾讯研究院联合 IDC 中国在《数实共生 - 未来经济 2021 白皮书》中首次提出，其中，“数”是指数字技术、数字经济，“实”是指实体经济、传统产业，“共生”表示两者之间并非简单地替代或叠加关系，而是相互促进、相互补充、共同演进的生态关系。因此，“数实共生”是在数字技术和实体经济之间建立一种深度融合的关系，促进数字技术和实体经济相辅相成，相互促进，从而达到一体化发展⑤。在“数实共生”框架下，数字技术不再是独立于实体经济之外的存在，而是深度嵌入实体经济的各个环节中。同样，实体经济也不再孤立的发展，而是充分利用数字技术带来的优势，通过赋能传统经济实现从要素驱动到创新驱动，从注重经济规模到注

---

① 夏显力，陈哲，张慧利，等．农业高质量发展：数字赋能与实现路径［J］．中国农村经济，2019（12）：2－15.

② 焦勇．数字经济赋能制造业转型：从价值重塑到价值创造［J］．经济学家，2020（6）：87－94.

③ 田秀娟，李睿．数字技术赋能实体经济转型发展——基于熊彼特内生增长理论的分析框架［J］．管理世界，2022，38（5）：56－74.

④ 张凤臣．强化数字赋能助推县域经济高质量发展［J］．中国市场，2023（9）：22－24.

⑤ 腾讯 IDC《未来经济白皮书 2021》腾讯研究院：2021－01－21.

重质量效应的转变，实现产业升级、效率提升和模式创新，推动实体产业高质量发展。同时，实体经济也可以通过需求途径为数字技术提供应用与发展空间。数字技术与实体经济相互促进发挥乘数效应推动经济快速发展，促进经济规模持续扩张进入良性发展阶段。

根据宏微观视角的不同，“数实共生”在国家层面、产业层面、企业层面以及用户层面的诠释不尽相同。从国家层面看，“数实共生”推动数字技术与实体经济深度融合、协同发展，以产业数字化为基础，提升整体经济运行效率与运行质量，不断优化产业结构；从产业层面看，“数实共生”使用数字技术在设计、研发、生产、物流、销售、服务等环节对传统产业进行优化改进、对业态和模式进行创新，推动产业数字化转型，实现产业结构调整和创新升级；从企业层面看，“数实共生”体现为企业数字化转型，提升企业运行效率，通过数字技术赋能在多个维度提升企业综合竞争力；从用户层次看，“数实共生”体现为将数字技术应用到用户的工作、生活、学习、社交、娱乐等多个方面，丰富数字技术的应用场景，提升用户体验。

“数实共生”不仅是一种经济现象，也是一种社会发展趋势。它反映了数字技术与实体经济从相互独立到深度融合的历史进程，预示着未来经济发展的新方向和新动力。“数实共生”的发展理念将数字技术和实体经济深度融合，一方面推动资源生产性能提升，另一方面通过模式变革实现资源优化配置，通过赋智、提质、增值促进产业转型升级。

2.1.3 产业高质量发展

党的二十大报告指出，高质量发展是全面建设社会主义现代化国家的首要任务。要坚持以推动高质量发展为主题，把实施扩大内需战略同深化供给侧结构性改革有机结合起来，增强国内大循环内生动力和可靠性，提升国际循环质量和水平，加快建设现代化经济体系，着力提高全要素生产率，着力提升产业链供应链韧性和安全水平，着力推进城乡融合和区域协调发展，推动经济实现质的有效提升和量的合理增长。

产业高质量发展是经济高质量发展的产业层面，也是产业发展的高质量层面。目前，对产业高质量发展的研究仍处于起步阶段，研究角度不同，对产业高质量发展的界定也不同。

（1）基于社会效益视角。将产业在产生、成长和演进过程中，自身的经济效益及所产生的环境效益和社会效益作为评判产业实现高质量发展的标准，强调产业高质量发展应该以满足不同的需求为导向，借助新技术与能力，不断整合资源、提升效率，实现高水平、高层次、高效率的经济价值和社会价值创造（黄速建等，2018；马宗国和曹璐，2020）①②。在以人为本和新发展理念的指导下，实现产业结构、产业创新、产业效率、产业价值链和产业绿色发展的有机统一，综合考察产业的资源配置效率、规模结构效率、技术进步效率、国际竞争力、节能降耗效率、污染排放效率和辐射带动能力等，实现产业在经济、环境和社会效益等多方面的优化与完善（付晨玉和杨艳琳，2020；余泳泽等，2021）③④。

（2）基于产业发展视角。从产业发展的多个维度综合性界定产业高质量发展的内涵。产业高质量发展包括产品质量、服务质量和工程质量，产品和服务质量不断提高，从而增加产品和服务附加值，降低资源消耗，以更少的生产资料生产更高质量的产品，实现新旧动能的转换，促进产业优化升级（赵剑波等，2019）⑤。将以数字技术构成的主导技术体系作为新的关键要素投入，通过新型基础设施、新型生产要素以及数字技术体系的导入和产业的融合，提高要素投入质量、要素配置和利用效率，实现生产方式的转变（张军扩等，2019；刘淑春，2019）⑥⑦，进而优化产业结构，提升具有高附加值的高技术产

① 黄速建，肖红军，王欣．论国有企业高质量发展［J］．中国工业经济，2018（10）：19－41.

② 马宗国，曹璐．制造企业高质量发展评价体系构建与测度——2015～2018年1881家上市公司数据分析［J］．科技进步与对策，2020，37（17）：126－133.

③ 付晨玉，杨艳琳．中国工业化进程中的产业发展质量测度与评价［J］．数量经济技术经济研究，2020，37（3）：3－25.

④ 余泳泽，段胜岚，林彬彬．新发展格局下中国产业高质量发展：现实困境与政策导向［J］．宏观质量研究，2021，9（4）：78－98.

⑤ 赵剑波，史丹，邓洲．高质量发展的内涵研究［J］．经济与管理研究，2019，40（11）：15－31.

⑥ 张军扩，侯永志，刘培林，等．高质量发展的目标要求和战略路径［J］．管理世界，2019，35（7）：1－7.

⑦ 刘淑春．中国数字经济高质量发展的靶向路径与政策供给［J］．经济学家，2019（6）：52－61.

业和战略性新兴产业的占比（涂人猛，2019；王一鸣，2020）①②。具体而言，推动经济发展重心从第一产业向第二、第三产业转移，使劳动力从生产效率较低的产业向较高的产业流动（茹少峰等，2018）③。同时，产业高质量发展要实现供给侧改革，从去产能、去库存、去杠杆、降成本以及补短板五个方面破除无效供给，降低企业成本，从而提高全要素生产率（徐鹏杰和杨萍，2019；温大安，2019）④⑤。

综上所述，产业高质量发展是指产业持续转型升级，产业效益大幅提升，实现产业结构优化。产业持续转型升级是指以创新为驱动，将创新作为各行业的增长点和新动力，推进产业不断转型升级；产业效益提升是指以最小的质量成本产出最大的质量效益，提升各种要素资源的利用效率，最大限度实现产出最大化与持续发展；产业结构优化是指在不断壮大产业规模的同时，现代农业、先进制造业、高端服务业不断发展完善，形成健全的现代产业体系，三次产业结构占比合理，提高配置效率。

2.2　相关理论

2.2.1　共生理论

1879年，德国真菌学家德贝里（Anton de Bary）首先提出了“共生”的概念。1970年，美国生物学家马格里斯（Margulis）提出“细胞共生学”，“共生学说”由此得到发展。原生动物学家戴维斯（Dale S. Weis）将共生定义为

① 涂人猛．构建产业高质量发展体系的基本思路——以湖北省为例［J］．湖北社会科学，2019（7）：28－31.

② 王一鸣．百年大变局、高质量发展与构建新发展格局［J］．管理世界，2020，36（12）：1－13.

③ 茹少峰，魏博阳，刘家旗．以效率变革为核心的我国经济高质量发展的实现路径［J］．陕西师范大学学报（哲学社会科学版），2018，47（3）：114－125.

④ 徐鹏杰，杨萍．扩大开放、全要素生产率与高质量发展［J］．经济体制改革，2019（1）：32－38.

⑤ 温大安．新时代供给侧改革“三性”思考［J］．经济研究导刊，2019（8）：1－4.

几对合作者之间的稳定、持久、亲密的组合关系。现代生态学将整个地球看成一个大的生态系统，生物圈内各类生物间及其与外界环境间通过能量转换和物质循环密切联系起来，形成共生系统①。生物间的能量转换存在于食物链与食物网之中，它们在生态系统的关系表现为生产者、消耗者和分解者，物质通过生态循环保持着生物圈的继往开来、生生不息，即自然界就是一个共生体，其中的动物、植物、人类之间需要相互和谐，才能共生共荣。

社会科学中人与人之间、企业与企业之间等也存在着相互联系、相互影响的关系，类似于生物学的共生关系。20 世纪中叶以来，"共生" 思想和概念逐步在诸多领域得到运用。哲学层面的 "共生"，核心是 "双赢" 和 "共存"，基本属于互利共生现象的哲学抽象，有时也包括偏利共生；工业共生是以共生理论和工业生态学相关理论为基础，研究不同企业间的合作关系，通过合作共同提高企业的生存能力和获利能力，实现对资源的节约和环境保护，被用来说明企业因相互利用产品而发生的各种合作关系。

袁纯清（1998）最早借鉴生物学的共生概念及相关理论，运用数理分析构建了经济学分析的 "共生理论" 框架，即以共生三要素（共生单元、共生模式和共生环境）描述共生的本质，以共生密度、共生界面、共生组织模式、共生行为模式分析共生关系状态②。共生理论通过剖析共生现象探索共生的客观规律，揭示共生单元之间、共生单元与共生系统之间、共生系统与环境之间的必然联系。袁纯清用共生单元、共生模式、共生环境描述了共生的本质，构建了以共生密度、共生界面、共生模式分析共生关系状态的理论框架。其基本逻辑为从共生现象的识别，探寻共生单元间的关系，如图 2.1 所示③。

第一，共生要素。共生单元、共生模式、共生环境是构成共生的三个要素，其中，共生单元是基础，共生模式是关键，共生环境是重要的外部条件。共生单元是构成共生体或共生关系的基本能量生产和交换单位，它是形成共生体的基本物质条件。共生单元是相对于特定的分析对象而言的，不同层次的共生分析中共生单元的性质和特征是不同的。共生模式是共生单元相互作用的方

① 胡守钧. 社会共生论［M］. 上海：复旦大学出版社，2012.

② 袁纯清. 共生理论—兼论小型经济［M］. 北京：经济科学出版社，1998.

③ 根据袁纯请（1998）共生分析的基本逻辑图整理所得。

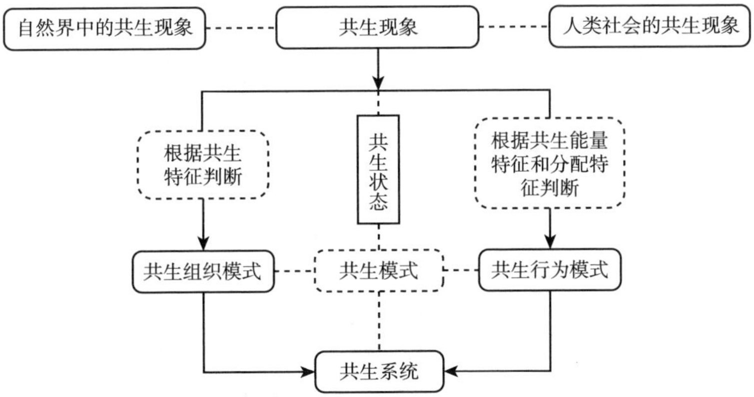

图 2.1　共生理论分析的基本逻辑

式或相互结合的形式，反映共生单元之间作用的方式、强度，以及物质信息交流关系和能量互换关系，会随着共生单元的性质以及共生环境的变化而变化。共生模式决定了共生的性质和变化方向，可分为共生组织模式和共生行为模式，共生组织模式反映了共生组织程度，共生行为模式反映了共生行为方式。共生单元以外的所有因素构成共生环境，共生环境相对于共生单元和模式是外生的，共生关系存在的环境通常是多重的，不同环境对共生关系的影响不同，共生体和环境的组合关系会随着时空条件的变化而变化，这一变化促使两者形成新的组合关系。任何共生关系都是一组共生单元、共生模式和共生环境的组合，共生单元、共生模式和共生环境的相互关系不仅反映了共生的条件、性质和特征，也反映了共生的动态变化方向和规律。

第二，共生界面。共生界面是共生单元间物质、信息、能量传导的载体，是共生单元间接触方式和机制的总和，也是共生关系形成和发展的基础。共生界面具有内生性，由共生单元的性质决定。因此，分析共生界面有利于认识和发现共生单元间相互作用的规律。

共生界面作为共生单元相互作用的媒介和载体，具有信息传输、物质交流、能量传导、共生序形成的基本功能。此外，共生界面还具有分工与合作的中介功能，任何共生关系中均存在分工与合作，共生界面是共生单元间分工与合作形成和发展的载体。共生界面作为体现共生单元间相互作用的中介和实现形式，由一组共生介质组成，不同介质具有不同的媒介功能，共生介质之间具有互补性，在共生过程中均具有物质、信息、能量的传导、交流和分配功能，共生单元间各种相互作用最终都要通过共生界面的功能才能完成。共生界面的性质和功能影响共生度的大小，共生度是共生单元间相互作用的程度，由共生单元的内在性质决定，反映了共生单元的内在联系，是描述共生单元关系的重要特征量，也是共生系统最基本的特征量，直接反映了共生系统的本质和发展规律。共生界面物质、能量和信息的传递速度越快，越有利于形成理想的共生度。此外，共生界面是共生机制形成和发展的先决条件，共生机制是共生单元间相互作用的动态方式，反映了共生过程中共生单元间相互激励、相互促进、相互作用、相互制约的内在关系和共生关系演化的基本规律。

第三，共生系统。共生系统是共生关系存在的基本属性，是指共生单元按某种共生模式和共生类型构成的共生关系集合，是研究共生规律的基本认识单元。共生单元构成共生系统的要素，共生模式和共生类型决定共生系统的结构。

对共生关系考察的角度和重点不同，共生系统的分类方法和标准也不同。按自然属性可将共生系统分为自然共生系统和社会共生系统，按共生单元间的关系可分为竞争型共生系统、互补性共生系统和供需型共生系统，按数理性质可分为线性共生系统和非线性共生系统。不同分类角度为进一步揭示共生关系的形成和发展规律提供了分类基础。共生系统的进化是共生理论研究的核心问题之一。进化是系统发展的总趋势，共生系统的进化是共生单元间、共生单元与系统间、共生系统与环境间的共同进化。共生系统进化原理揭示了共生系统进化的本质，即对称性互惠共生是共生系统进化的方向，对称性互惠共生系统是所有共生系统中最有效率、最稳定的系统，任何具有对称性互惠共生特征的系统在同种共生模式中具有最大的共生能量。不同共生单元在共生系统进化中的地位和作用通常是不同的，关键共生因子会随着共生关系状态的变化而变化。共生界面对共生系统的进化具有至关重要的作用。因此，对共生界面的识别和设计是共生系统进化和发展的基础。

2.2.2 融合理论

“融合”主要是从多个要素（系统）运动的结果来界定的，指朝着同一个点运动或者是两个或更多要素的汇合（Merriam Webster，2000），或者是几种不同的事物合成一体。换言之，融合就是不同要素（系统）向同一方向共同演进而形成一个新要素（或系统）的过程。外部环境的改变是融合的起因，如技术或制度创新等对不同要素产生影响，推动要素融合以降低外部环境对其的负面影响。融合过程包括发展和协调两个维度，发展即系统间或系统内要素从低级到高级、从无序到有序的过程，协调即系统间或系统内要素相互促进的状态。根据融合理论，系统融合具有阶段性、内生性、协同性和自组织性的特点。阶段性指系统受到外部环境或子系统变化的影响呈现出周期交替的变化过程；内生性指系统通过自身各变量的相互作用和影响实现发展；协同性指系统内部协同作用产生的作用力可以实现系统由混沌无序状态向有序状态转化；自组织性指系统会自动形成有序结构，在协同效应和自身涨落力量的共同作用下，随着外部环境的变化形成新的时空结构，并向新的融合方向发展。

融合理论被广泛应用在不同的领域，所指的要素也不尽相同。在技术领域，融合可能指硬件或软件的集成；在社会学领域，融合可能指不同文化或社会的结合；在经济学领域，现有研究多从产业融合、数实融合等角度展开。

（1）产业融合。

在产业经济研究中，许多学者用融合来界定产业发展过程中不同系统向同一方向运动的经济现象，即产业融合。学术界对产业融合的讨论，最早源于技术的出现导致的产业之间的交叉。美国学者罗森伯格（Nathan Rosenberg）最早提出产业融合思想，将同一技术向不同产业扩散的现象称为技术融合。技术革新和限制放宽导致产业间的边界模糊，降低甚至打破了产业壁垒，使不同产业发生融合。不同产业融合必然会激化原有产业的竞争，导致企业倒闭（植草益，2011）①，但同时也加快了企业的成长，出现更多创新成果以及新的产业。麻省理工学院媒体实验室的创始人尼葛洛庞蒂（Nicholas Negroponte）于1978年首次提出计算机工业、出版印刷工业和广播电影工业正在趋向融合，用图例演示了三者技术融合的模型，系统化地提出了产业融合理论。随着经济发展以及技术进步，第一产业、第二产业、第三产业相互融合的趋势愈发明显

① 植草益．信息通讯业的产业融合［J］．中国工业经济，2001（2）：24－27.

（于刃刚，1997）[①]，宏观视角下表现为产业模块的融合，微观视角下表现为技术、产品、业务、市场等融合，高新技术是产业间实现融合的根本动力，政府管制的放松为产业融合创造了条件，产业间竞争与合作的压力加速了产业间的融合（吴颖等，2004）[②]。需要注意的是，产业融合并不是多个产业或行业的简单相加，而是不同行业或不同产业相互渗透、相互交叉，通过一定的相互作用使多个产业融为一体，形成新兴产业，出现新的产业属性（岭言，2001；卢东斌，2001）[③④]。根据融合的程度和方式，产业融合可以分为产业渗透、产业交叉以及产业重组三种形式。其中，产业渗透是指发生在高科技产业和传统产业的产业边界处的产业融合，高新技术利用其渗透性和倍增性的特点，渗透到传统产业中，提高传统产业的效率；产业交叉是指通过产业间的功能互补和延伸实现产业融合，通常发生在高科技产业的产业链自然延伸部分，这些发生交叉的产业一般是“部分的合并”，而非全部融合，原有的产业继续存在；产业重组，主要发生在具有紧密联系的产业之间，这些产业通常是某一大类产业内部的子产业（胡汉辉和邢华，2003；聂子龙和李浩，2003）[⑤⑥]。产业融合的过程是一个动态发展的过程，在这个过程中所追求的目标是超过各产业或行业单独存在所能创造的经济效益和价值，为产业发展以及经济增长提供新的动力（厉无畏，2022）[⑦]。从微观层面看，产业融合促使许多新产品与新服务的出现，开辟了新市场，增强了竞争性，塑造了新的市场结构，促进了资源的整合，带来了就业增加和人力资本发展。从中观层面看，产业融合带来巨大的增长效应，导致产业发展基础、产业关联、产业结构、产业组织形态以及产业区域布局等发生根本变化（周振华，2003）[⑧]。

因此，产业融合是由于技术进步和管制放松，改变了原有产业之间的竞争

---

① 于刃刚．三次产业分类与产业融合趋势［J］．世界经济与政治，1997（1）：42－43.

② 吴颖，刘志迎，丰志培．产业融合问题的理论研究动态［J］．产业经济研究，2004（4）：64－70.

③ 岭言．产业融合发展——美国新经济的活力之源［J］．工厂管理，2001（3）：25－26.

④ 卢东斌．产业融合：提升传统产业的有效途径［J］．经济工作导刊，2001（6）：4.

⑤ 胡汉辉，邢华．产业融合理论以及对我国发展信息产业的启示［J］．中国工业经济，2003（2）：23－29.

⑥ 聂子龙，李浩．产业融合中的企业战略思考［J］．软科学，2003（2）：80－83.

⑦ 厉无畏．产业融合与产业创新［J］．上海管理科学，2002（4）：4－6.

⑧ 周振华．产业融合：产业发展及经济增长的新动力［J］．中国工业经济，2003（4）：46－52.

合作关系，从而导致产业界限的模糊化。产业融合的一般理论分析主要包括产业融合的类型、特征以及路径。

第一，产业融合的类型。主要基于产业的性质、产业融合的过程，以及融合技术的方式等维度对产业融合的类型进行划分①。一是基于产业的性质分类。按照产业的性质，格林斯滕和汉纳（1997）将产业融合分为替代性融合和互补性融合，替代性融合发生在一项技术被另一项技术替代时，而互补性融合则发生在两种技术共同使用比各自单独使用更好时。Pennings 和 Puranam（2001）进一步引入“需求—供给”两个维度，将产业融合划分为需求替代性融合、需求互补性融合、供给替代性融合以及供给互补性融合四种类型。Stienglitz（2003）引入技术因素，通过使用不同的技术提供替代性或互补性产品，将产业融合划分为技术替代性融合、技术互补性融合、产品替代性融合和产品互补性融合四种类型。二是基于产业融合的过程分类。从产业融合的过程来看，Malhotra（2001）将产业融合分为功能性融合和机构性融合两种类型。功能性融合是当两个产业的产品具有替代性或互补性时发生的融合，通过整合不同产业的功能，提供更加综合的服务，使原本独立的产业功能得以整合优化；机构性融合是当两个产业的产品之间存在相关性时，在生产、销售等环节发生的融合，更加侧重于组织结构和运营模式的整合，通过优化组织结构和运营模式，提高效率和竞争力。根据融合程度的不同，可以进一步分为功能和机构的高度融合、高功能和低机构融合以及低功能和高机构融合三种类型。三是基于融合技术的方式。基于融合技术的方式，Hacklin 等（2005）将产业融合分为应用融合、横向融合和潜在融合三种类型。应用融合是指两种以上已知技术融合产生的突破，整合形成新附加值的创造力；横向融合是指一种以上已知技术和一种以上新技术组合，产生的新技术可以横向加强已知技术，引起原有技术的突破；潜在融合是指两种或以上本身没有任何突破性特征的新技术，由于结合产生了新的技术概念，带来突破性解决方案和技术的累积性发展。

第二，产业融合的特征。产业融合是在产业与外部环境进行物质、能量与信息交换的开放产业系统中发生的，即不同产业之间通过技术、制度、产品、

① 薛金霞，曹冲．国内外关于产业融合理论的研究综述［J］．新西部，2019（30）：73－74＋90.

资源的互动与交换，使产业之间传统边界模糊，实现产业融合。产业融合的特征主要体现在以下两个方面：一是产业融合发生在边界处。产业具有横向边界和纵向边界动态性，而产业融合往往发生在产业边界处。在产业融合发生之前，各产业内的企业各自生产不同的产品、提供不同的服务，各企业之间保持着相互独立的状态。随着企业规模的扩大和技术进步，部分企业为了得到更多的利润，选择了多元化生产的路径和方法，生产多种产品、提供多种服务。当越来越多的企业选择多元化生产和服务时，各企业生产的产品和服务会越来越接近，产业边界逐渐模糊，不同产业之间发生交叉，出现融合型产品，标志着产业融合的发生。二是产业融合具有创新本质。不同产业之间的相互促进，会促进产业创新，当新兴产业出现并且融合型产品成为市场的主导时，即实现了产业融合。因此，产业融合的本质是一种产业创新。产业融合使产业分工出现了新路径和新起点，由新的两个或两个以上的产业代替原有产业执行不同的或新的操作和职能。综上所述，产业融合是一个动态过程，通常发生在边界处，是产业间分工的内部化，具有产业创新的本质。

第三，产业融合的路径。产业融合的路径可以分为市场需求主导、知识扩散主导、科学技术交叉渗透三种路径①。一是市场需求主导，表现为原本供给与需求均不相关的产业间，由于外部因素的激发，使产业边界、市场结构等发生变化，产业间出现融合，产业间技术或产品市场呈现相关性，市场稳定化。二是知识扩散主导，此类产业融合路径包含“知识融合—技术融合—应用融合—产业融合”四个阶段，即各自独立的知识库之间偶然出现演进溢出，使各产业具体知识的已有边界消融；知识融合推动了潜在的技术创新，产业间的知识溢出加速了新技术联合；共同技术基础成为实际标准，技术融合创造新的价值；应用融合导致产业边界的转换，使原本独立的产业间的企业关系因为共同应用的出现发生改变，产业边界消融。三是科学技术交叉渗透，表现为不同学科之间逐渐开始引用彼此研究成果，出现跨学科应用的科学融合，最终形成更为紧密的研究合作。当基础科学领域间的边界越来越不明显的时候，应用科技的发

① 魏敏，李炜懿．摩洛哥信息通信技术与工业产业融合发展的战略与实践［J］．西亚非洲，2022（3）：45－65＋157.

展产生技术融合，促进新产品的市场融合，最终显现为产业融合①。

（2）数实融合。

数实融合是数字经济和实体经济深度融合发展，数字化向非数字实体经济的应用、渗透和重塑，使数字经济赋能实体经济发展。党的十八大以来，政界和学术界对数字技术与实体经济关系的认识不断深化。2016 年 4 月，习近平总书记在网络安全和信息化工作座谈会上提出“着力推动互联网和实体经济深度融合发展，以信息流带动技术流、资金流、人才流、物资流，促进资源配置优化，促进全要素生产率提升”，党的二十大报告提出“加快发展数字经济，促进数字经济和实体经济深度融合”，党的二十届三中全会再次强调“健全促进实体经济和数字经济深度融合制度”，充分体现了数实融合是构建新发展格局和推动高质量发展的重要途径。

对数实融合的认识可以归纳为以下三个方面：第一，数字化是工具和手段，夯实实体经济基础和促进实体经济发展是最终目的。其内涵包括数字技术和实体经济的融合应用，以及互联网、5G、云计算、数据资源、数字人才等数字化各要素与非数字实体经济的融合应用。第二，数据要素是关键，数实融合是数字经济发展的主线。数据是关键的新型生产要素，数据流高效贯通生产、分配、流通、消费各个环节，对传统产业进行全方位、全链条改造，推动应用范式、应用场景、商业模式和体制机制协同创新。第三，数实融合强调互联网、大数据、人工智能、区块链等新技术与产业的深度融合，促进数据，技术、场景深度融合，打造面向多元应用场景的技术融合和产品创新。

学术界对数实融合的定义主要基于数字技术角度，将数实融合定义为数字技术与实体经济的融合，通过数字技术推动实体经济在生产、分配、流通、消费环节的重构和变革，实现数字技术在实体产业全要素、全流程以及全链条的深度渗透和创新应用，推动产业创新方式、生产模式、主体形态和体系构成的深刻变革（白新华和李国英，2023；丁述磊等，2024）②③。数实融合的技术

① 单元媛，赵玉林．国外产业融合若干理论问题研究进展［J］．经济评论，2012（5）：152－160.

② 白新华，李国英．以数实融合提升产业链供应链韧性的现实思考［J］．区域经济评论，2023（6）：63－68

③ 丁述磊，刘翠花，李建奇．数实融合的理论机制、模式选择与推进方略［J］．改革，2024（1）：51－68.

特征表现为数字技术和产业技术的有效结合，网络特征表现为相同产业内的企业之间，以及不同产业企业之间的互联互通，这些特征从资源、载体和驱动力等方面对要素市场配置和流动产生重要影响（刘永文和李睿，2024）①。

2.2.3 协同理论

20 世纪 70 年代，哈肯（Hermann Haken）创立了协同理论，运用分析类比手段描述各种系统和运动现象中从无序到有序转变的共同规律，是解释与外界保持着物质或能量交换、远离平衡态的开放性系统，如何通过内部各要素或子系统的协同，自发形成在时空和功能上有序结构的理论。哈肯认为，协同理论是一门在普遍规律支配下的有序自组织集体行为的科学②。该理论把一切研究对象看成是由子系统构成的系统，子系统彼此之间会通过物质、能量或信息交换等方式相互作用，通过子系统之间的相互作用，整个系统会形成一种整体的协同效应或者有序的新型结构。协同理论指出，一个稳定的系统，它的子系统都是按照一定的方式协同地活动，有次序地运动。协同理论的主要内容包括五个方面：

第一，对称性、有序和无序。事物的某一属性在经过一定的变换之后仍然不变的性质被称为对称性。“序”即为次序，次序不仅存在于不同事物之间，也存在于事物内部各要素之间。对称性与“序”之间密切相关，系统的对称性越低，有序度越高。反之，有序就意味着其对称性的缺损。

第二，序参量。序参量是协同理论中的重要概念，能够体现出子系统参与协同运动的集中程度，由子系统的协同合作产生，同时又支配着子系统的行为。序参量在系统的发展过程中起着媒介作用，既能够推动系统在发展中形成新的结构，又能够反映出系统的宏观有序程度，支配着子系统的行为不断向有序方向发展。

第三，协同效应。协同效应是一种因集体作用而产生的整体效应，指复杂系统中各子系统之间通过相互影响、相互制约、相互合作达成有序结构进而产

① 刘永文，李睿．数实融合能否改善要素市场扭曲［J/OL］．软科学：1－14［2024－04－27］．

② ［德］哈肯，凌复华，协同学：大自然构成的奥秘［M］．上海：上海译文出版社，2005.

生的大于各子系统功能简单叠加的整体效应，即“1 + 1 > 2”。协同是系统各部分间相关性、整体性的内在体现，是系统形成有序结构的内部驱动力，是系统进行协同运动的最终诉求，可以使各子系统之间按照某种规则自动形成一定的结构或功能，具有内在性和自生性特点。在一定条件下，或者外部作用对系统的作用力大到一定程度，或者物质的汇聚程度达到某一临界状态时，复杂系统所包含的子系统间才会发生协同作用，从而使处于临界点的复杂系统从无序状态转变为有序，形成稳定的发展结构，甚至发生质的变化产生协同效应。

第四，伺服原理。伺服原理又称支配原理，主要指序参量在整体系统中的支配作用。伺服原理可以概括为慢弛豫参量支配快弛豫参量，子系统服从于序参量的活动。复杂系统内既存在稳定因素，又存在不稳定因素，从两者的相互作用来看，该原理是对系统自组织过程的描述。当系统接近临界点状态时，通常情况下它的动力学和突现结构仅由少数几个序参量来决定，并且由这几个序参量主导系统中剩余其他变量的行为。

第五，自组织原理。自组织原理主要解释了系统如何在一定条件的驱使下，通过子系统之间的协同作用从无序状态发展为有序状态，即系统的发展机制问题。系统有序结构的形成过程被称为组织，组织的进化形式可以分为自组织和他组织两类。自组织指系统在没有外部环境控制的条件下，内部各子系统之间会受到某种规则的影响而自动形成相对稳定的结构或功能。系统依靠自身包含的各个不断运动变化的子系统自动依照某种规则，各尽其责相互协调与竞争，使系统演化为有序结构，解释了具有一定功能的非线性开放系统内部结构从混乱的无序状态到有序状态的演化过程。他组织则与自组织相反，指系统发展的规则、命令以及运行能力全部来自系统外部，系统形成有序结构的条件是依靠外部指令。自组织现象是系统在非平衡状态下通过多个子系统之间的非线性作用获得的整体效应，自组织能力的强弱影响系统发展结构和新功能的形成。

协同概念涵盖两个层面：一是作为一种状态，协同强调以共同目标为动机，部分之间步调协调、衔接顺畅、相互促进，宏观局面井然有序。二是作为一种结果，协同强调部分之间相互联系所产生的整体效应或集体效应，大于局部效应之和。判断协同的标准在于是否形成了彼此啮合、相互依存的状态，是否实现了系统功能的放大（李辉，2014）①。根据协同理论，系统从一种状态发展为另一种状态的过程中，各子系统以及系统内部诸多要素通过相互影响、相互配合、相互作用，使系统从无序运动变为有序运动，进而产生新的质变过程②。主要表现为复杂开放系统在与外界有物质或能量交换的情况下，内部各子系统为实现共同的发展目标而形成时间、空间、功能上的协作，推动复杂系统由无序状态进入有序状态，以实现更少的内部摩擦、更好的整合效果和更高的工作效率③（郭烁和张光，2021）。

我国学者从不同角度对产业间的协同进行了研究。如，徐力行和高伟凯（2007）认为，产业协同是指国民经济作为一个开放系统，各产业作为子系统相互关联耦合的联动过程，认为大多数产业协同研究是对产业结构分析的静态研究，而产业系统作为一个自组织的动态系统，对产业协同的研究应该从静态研究转为动态研究，并指出技术创新的扩散是以产业间的合作为载体实现的，创新要素是产业协同的重要影响因素④；徐力行和毕淑青（2007）认为，国家层面上开展产业协同研究是最合理的地域范围，小区域内开展产业协同不能很好地发挥产业间的分工协作，而太大区域内各主体经济发展差异较大，难以形成良性的产业互动，并指出产业协同是指在开放的经济系统条件下，各产业子系统间的自组织联动过程，产业协同关系包括产品从投入到产出、“从上到下”的纵向关系和细分产业间的横向关系⑤。部分学者从产业集群和供应链角度对产业协同问题展开了研究，如胡大立（2006）认为，集群发展有利于降低交易成本，产生产业间的协同效应，具备产业间的协同性是产业集群发挥持久竞争优势的前提条件，产业协同是产业集群内企业间在商品生产、交换、流

① 李辉．区域一体化中地方政府间合作的预期与挑战——以协同理论为分析框架［J］．社会科学辑刊，2014（1）：107－110.

② 郭烁，张光．基于协同理论的市域社会治理协作模型［J］．社会科学家，2021（4）：133－138.

③ 刘晶晶．基于协同理论的高职教育产教融合机制及优化策略研究［D］．武汉：华中师范大学，2020.

④ 徐力行，高伟凯．产业创新与产业协同——基于部门间产品嵌入式创新流的系统分析［J］．中国软科学，2007（6）：131－134＋140.

⑤ 徐力行，毕淑青．关于产业创新协同战略框架的构想［J］．山西财经大学学报，2007（4）：51－55.

通、销售等价值创造和转移过程中同心协力、互相分工合作，获得“1 + 1 > 2”的效果①；李辉和张旭明（2006）认为，产业集群具有的产业间的关联性和协同性是产业集群能够降低交易成本、提高创新能力的根源，产业集群形成协同效应的强弱受到集群系统与外部环境紧密联系的影响，同时也受到集群系统内部是否形成良好利益协调氛围的影响②。高峰和刘志彪（2008）认为，产业集聚会产生产业合作效应，产业间相互协同聚集能够产生分工协同、制度协同、创新协同、资本协同等效应，促进产业升级与发展，提升产业整体竞争力③。

2.3　国内外相关文献综述

2.3.1　数字经济相关研究

（1）数字经济的内涵。

随着全球进入技术革命和产业转型新时代，数字技术不断蓬勃发展并产生新的经济形式，使数字经济成为重塑全球经济结构的关键力量与引擎④⑤（赵涛等，2020；陈晓红等，2022）。经济学家唐·塔普斯科特（Don Tapscott）于1995 年在《数字经济：网络智能时代的希望和危险》一书中提出“数字经济”这一概念，主要强调互联网发展催生的商务模式及其对经济社会的影响（Tapscott，1995）。随着生产力的提高和社会结构的变迁，“数字经济”这一概念不断演化出信息经济、互联网经济、电子商务、新经济等新概念，并得到

---

① 胡大立．产业关联、产业协同与集群竞争优势的关联机理［J］．管理学报，2006（6）：709 - 713 + 727.

② 李辉．张旭明．产业集群的协同效应研究［J］．吉林大学学报，2006（3）：43 - 45.

③ 高峰，刘志彪．产业协同集聚：长三角经验及对京津唐产业发展战略的启示［J］．河北学刊，2008（1）：142 - 146.

④ 赵涛，张智，梁上坤．数字经济、创业活跃度与高质量发展——来自中国城市的经验证据［J］．管理世界，2020，36（10）：65 - 76.

⑤ 陈晓红，李杨扬，宋丽洁，等．数字经济理论体系与研究展望［J］．管理世界，2022，38（2）：208 - 224 + 13 - 16.

广泛研究与拓展深化（李长江，2017；张化尧等，2020）①②。全球社会也逐渐认识到信息化、网络化和数字化等新形态可能会给人类的生产和生活方式带来不同于工业时代的颠覆性与创造性的变化，学者们提出要以全新的数字化生存方式应对数字经济时代的到来。目前，数字经济尚未形成统一和标准的概念定义，但现有研究大都认为“数字经济”与互联网的高速发展紧密相连，是由互联网信息技术、信息化带来的一种新兴的经济形态与发展范式（赵涛等，2020）。

现有研究对“数字经济”的概念界定有广义和狭义之分。从广义概念来看，数字经济涵盖的范围较广，所有利用数字化数据信息的经济活动均可以被认为是数字经济的范畴（Reinsdorf and Romero，2018）。逄健和朱欣民（2013）认为，数字经济除了包括数字化直接带来的影响，还应包括音乐、影视、物流等所有可以被数字化的领域③；陈晓红等（2022）认为，数字经济是以数字化信息（包括数据要素）为关键资源，以互联网平台为主要信息载体的经济活动。从狭义概念来看，数字经济主要包括电子业务等商业活动（Bukht and Heeks，2019）。裴长洪等（2018）认为，数字经济特别强调数据信息及其传送效率作为决定生产率的技术手段，实现经济“质”与“量”的提升④；许宪春和张美慧（2020）将数字经济视为一种产业经济，是从传统国民经济活动部门中剥离出数字化货物和服务的数字产业化的相关活动⑤。这一概念也和中国国家统计局关于数字经济核心产业的定义较为一致，即数字经济是为产业数字化发展提供服务或者完全依赖于数字技术和数据要素的各类经济活动。

各国政府对数字经济内涵与外延的界定也不尽相同。数字经济是数字技术和信息通信技术（ICT）在经济运行中的普遍应用，尤其是随着云计算、机器

① 李长江．关于数字经济内涵的初步探讨［J］．电子政务，2017（9）：84-92.

② 张化尧，金波，许航峰．数字经济的演进：基于文献计量分析的研究［J］．燕山大学学报（哲学社会科学版），2020，21（3）：107-114+144.

③ 逄健，朱欣民．国外数字经济发展趋势与数字经济国家发展战略［J］．科技进步与对策，2013，30（8）：124-128.

④ 裴长洪，倪江飞，李越．数字经济的政治经济学分析［J］．财贸经济，2018，39（9）：5-22.

⑤ 许宪春，张钟文，胡亚茹．数据资产统计与核算问题研究［J］．管理世界，2022，38（2）：16-30+2.

学习等的深入融合，数字技术和信息通信技术对社会的影响不断深入，并且催生了新的商业模式（严若森和钱向阳，2018）①。Moulton（2000）将数字经济界定为“IT 行业与电子商务”；美国商务部经济分析局将数字经济界定为“数字基础设施”“数字交易系统”和“数字内容”②；经济合作与发展组织则更加强调数字技术的赋能特征，将数字经济定义为由数字技术驱动的、在经济社会领域发生持续数字化转型的大数据、人工智能和区块链等技术生态系统，并且强调了数字化和互联性两大技术支柱对传统生产成本和组织模式的影响；澳大利亚政府认为数字经济是通过互联网、移动电话等数字技术实现经济社会的全球网络化。2016 年 G20 杭州峰会通过的《二十国集团数字经济发展与合作倡议》对数字经济的界定，得到了各方广泛认同，认为数字经济是指以使用数字化的知识和信息作为关键生产要素、以现代信息网络作为重要载体、以信息通信技术的有效使用作为效率提升和经济结构优化的重要推动力的一系列经济活动。中国国家统计局发布的《数字经济及其核心产业统计分类（2021）》、中国信息通信研究院的《中国数字经济发展报告（2022 年）》等均延续了这一定义对数字经济发展的核心要求，为中国数字经济提供了统一可比的统计标准、口径和范围。

此外，也有相关研究对数字经济的主要构成要素和范围界定进行了讨论。从数字经济主要构成要素来看，一种观点认为数字或数据要素作为核心部分被纳入数字经济的内涵（易宪容等，2019；徐翔和赵墨非，2020）③④。数字经济主要依托数据为生产要素，这与以往经济发展的主要生产要素有所区别，数据是数字经济发展的核心要素之一，要着力提高数据要素的配置效率，健全数据市场的制度体系；裴长洪等（2018）、陈晓红等（2022）认为，以新一代信息技术为核心的新技术体系使数据信息的收集、存储、处理、传播、展示发生全方位革命性变化，数据信息成为新关键要素。也有学者认为数字技术或数字

---

① 严若森，钱向阳．数字经济时代下中国运营商数字化转型的战略分析［J］．中国软科学，2018（4）：172－182.

② 蔡跃洲，牛新星．中国数字经济增加值规模测算及结构分析［J］．中国社会科学，2021（11）：4－30＋204.

③ 易宪容，陈颖颖，位玉双．数字经济中的几个重大理论问题研究——基于现代经济学的一般性分析［J］．经济学家，2019（7）：23－31.

④ 徐翔，赵墨非．数据资本与经济增长路径［J］．经济研究，2020，55（10）：38－54.

化赋能方式是数字经济的重要载体。早期的数字经济概念多局限于通信技术的应用和电子商务为代表的互联网经济，许多政府、机构和学者大多数将数字经济理解为一种基于数字技术的经济范式（姜奇平，2020）①。Mesenbourg（2001）将数字经济划分为数字化的软硬件基础设施、数字化的商务网络与组织以及电子商务中交易的产品三个部分来表征数字经济内涵；许宪春和张美慧（2020）认为，数字经济是以数字化技术为基础、数字化平台为主要媒介以及数字化赋权基础设施为重要支撑的一系列新型经济活动；郭炳南等（2022）、焦帅涛和孙秋碧（2021）认为，数字经济是伴随着数字技术不断创新的一种新经济形态，既是基于网络信息通信技术所展开的一系列经济活动，也是从技术角度进行区分的一种经济形态②③。此外，学者们还从数字化基础设施和服务以及数字交易活动维度对数字经济的内涵进行探讨。如张于喆（2018）、刘军等（2020）认为，数字经济是以数字化信息和知识为核心要素，利用数字化技术向相关部门或市场提供产品或服务，从而催生数字交易与融合应用的新型经济形态④⑤。从数字经济的范围界定来看，Haltiwanger 和 Jarmin（2000）提出从 IT 基础设施、电子商务、企业和产业组织、使用 IT 的个人在人口统计和劳动力市场特征、定价行为五个方面对数字经济进行界定和测度；陈晓红等（2022）认为，数字经济的内涵主要包含数字化信息、互联网平台、数字化技术以及新型经济模式和业态四个核心部分。也有学者也强调数字经济的概念类似于电子商务，认为其主要包括“支撑的基础设施”“电子商务流程”以及“电子商务交易”三个部分，并认为交易平台和创新平台所构成的数字平台也是数字经济的重要范围界定。

近年来，随着数字经济的发展，学者们对数字经济的特征也展开了讨论。

---

① 姜奇平．数字经济学的基本问题与定性、定量两种分析框架［J］．财经问题研究，2020（11）：13－21.

② 郭炳南，王宇，张浩．数字经济发展水平的区域差异、分布动态及收敛性——基于中国十大城市群的实证研究［J］．金融与经济，2022（1）：35－44.

③ 焦帅涛，孙秋碧．我国数字经济发展测度及其影响因素研究［J］．调研世界，2021（7）：13－23.

④ 张于喆．数字经济驱动产业结构向中高端迈进的发展思路与主要任务［J］．经济纵横，2018（9）：85－91.

⑤ 刘军，杨渊鋆，张三峰．中国数字经济测度与驱动因素研究［J］．上海经济研究，2020（6）：81－96.

数字经济在数据要素、数字技术创新、信息产业基础、产业融合、平台化生态化、线上线下一体化以及多元共治等方面呈现出典型特征。陈晓红等（2022）将数字经济的主要特征归纳为数据支撑、融合创新、开放共享三个方面；裴长洪等（2018）认为，基于数字技术的数字经济在规模经济、范围经济、交易成本下降、“创造性毁灭”以及长尾效应等方面的特征极为显著，数字数据和数字平台是数字经济的两大基本特征；韩凤芹和陈亚平（2022）认为，与传统经济时代相比，数字经济主要呈现出数字化和信息化的技术属性、数字产业化和产业数字化的产业属性、网络化和智能化的场景应用以及数字治理与治理数字化等特征①；童锋和张革（2020）认为，数字经济的特征主要是大数据、产业融合以及多元共治等②，相较于农业经济和工业经济，数字经济有利于打破传统经济范式中的弊端与不足，生态经济等新特征更为明显（陈晓东和杨晓霞，2021）。

数字经济是以数字技术为核心，以数据为关键要素，以网络化、智能化、个性化为主要特征的经济形态，涵盖了电子商务、移动支付、人工智能、云计算、物联网等众多领域。

（2）数字经济的测度。

进入信息时代以来，数字技术的快速发展和广泛应用衍生出数字经济。作为一种新经济、新动能与新业态，数字经济不断引发经济社会的整体性深刻变革。因此，对数字经济的统计测算对于理解经济体发展形势十分重要。近年来，关于数字经济统计测算的研究不断涌现，但对其衡量和测算尚未形成统一的标准体系，大体可以分为增加值测算和指数测算两种方法。

一是增加值测算。通过对数字经济内涵与统计范围的界定，测算数字经济对应的增加值规模，为国民经济核算的宏微观分析工作提供依据。在国际上，美国商务部经济分析局（BEA）通过界定数字经济范围，利用供给使用表对美国数字经济增加值和总产出等规模进行测算；英国国家经济社会研究院

① 韩凤芹，陈亚平．数字经济的内涵特征、风险挑战与发展建议［J］．河北大学学报（哲学社会科学版），2022，47（2）：54－61.

② 童锋，张革．中国发展数字经济的内涵特征、独特优势及路径依赖［J］．科技管理研究，2020，40（2）：262－266.

（NIESR）通过收集企业在互联网上实际开展的商业活动相关数据集，用大数据方法从部门以及产品两个维度对数字经济进行测量；澳大利亚统计局（ABS）借鉴 BEA 测算方法，对数字经济增加值及其对整体经济的贡献程度进行测度。在国内，中国信息通信研究院（2021）将生产法与 ICT 资本存量估算相结合，从数字产业化、产业数字化等方面对中国数字经济规模进行了估算；康铁祥（2008）对中国 21 世纪初期的数字经济发展程度进行了统计核算①；向书坚和吴文君（2019）设计了涵盖生产、收入分配以及积累核算三个部分的数字经济增加值统计测度框架②；蔡跃洲和牛新星（2021）将数字经济划分为“数字产业化”和“产业数字化”，结合国民经济核算体系（SNA）、增长核算以及计量分析等方法测算了中国 1993～2018 年的数字经济增加值，得出其年均增长率为 17.72%③；彭刚等（2021）基于 SNA 框架，认为对中国数字经济的测度路径包括基础型路径、新生型路径以及融合型路径，为数字经济增加值测度提供新的参考借鉴④。

二是指数测算。利用多个维度、多个层级的指标数据，构建数字经济综合评价指标体系，测度数字经济发展综合指数或分项指数，以衡量某一国家（经济体）、地区的数字经济发展水平，从而进一步进行对比分析。从国际上的研究来看，经济合作与发展组织（OECD）构建了 ICT 与数字经济统计指标体系，对各主要国家或者经济体的数字经济发展情况进行衡量；欧盟统计局基于宽带接入情况、互联网应用等维度构建了数字经济和社会指数评价体系（DESI），反映欧盟数字经济发展水平的客观情况；世界银行编制了知识经济指数（KEI）。从国内来看，相关研究机构采用数量模型或指数评估方法构建了数字经济指数，如赛迪顾问的数字经济指数（DEDI）、上海社会科学研究院的全球数字经济竞争力指数、财新智库的中国数字经济指数（CDEI）、腾讯研究院的“互联网＋”指数等。此外，学者们也从不同角度对数字经济（刘军

① 康铁祥．数字经济及其核算研究［J］．统计与决策，2008（5）：19－21.

② 向书坚，吴文君．中国数字经济卫星账户框架设计研究［J］．统计研究，2019，36（10）：3－16.

③ 蔡跃洲，牛新星．中国数字经济增加值规模测算及结构分析［J］．中国社会科学，2021（11）：4－30＋204.

④ 彭刚，朱莉，陈榕．SNA 视角下我国数字经济生产核算问题研究［J］．统计研究，2021，38（7）：19－31.

等，2020）[①]、国家数字竞争力进行了测度（吴翌琳，2019）[②]，为“数字强国”建设提供基础支撑和参考。如刘军等（2020）从信息化、互联网和数字交易三个维度对中国省级数字经济发展水平进行测度；毛丰付和张帆（2021）从微观企业角度出发，结合企业进入率和退出率的总体变化情况对中国不同省份数字经济发展水平进行分析[③]；盛斌和刘宇英（2022）基于数字产业情况、数字基础设施情况以及数字治理情况三个维度，测度了中国省级数字经济发展综合指数，并对其空间分布差异特征与动态演进展开分析[④]；王军等（2021）从数字经济发展载体、数字产业化、产业数字化、数字经济发展环境四个方面构建了综合指标评价体系，对中国数字经济发展水平及演变特征进行分析[⑤⑥]。对城市层面数字经济发展水平测度的文献较少，已有研究较多聚焦于互联网发展水平，对数字经济测度指标体系的设计仍存在一定的局限性，如赵涛等（2020）从互联网普及率、互联网相关从业人员数、互联网相关产出、移动互联网用户数和数字金融普惠发展五个方面测度了中国 222 个城市的数字经济发展水平[⑦]，郭炳南等（2022）从中国重点城市群视角，对数字经济发展水平的区域差异、分布动态及收敛性进行了研究[⑧]。

（3）数字经济与产业发展。

数字经济可以促进产业结构优化升级，对经济增长产生强大的动力。数字经济具有一定的集聚效应，数字经济的发展能够显著促进产业结构优化。陈晓

---

① 刘军，杨渊鋆，张三峰．中国数字经济测度与驱动因素研究［J］．上海经济研究，2020（6）：81－96.

② 吴翌琳．国家数字竞争力指数构建与国际比较研究［J］．统计研究，2019，36（11）：14－25.

③ 毛丰付，张帆．中国地区数字经济的演变：1994～2018［J］．数量经济技术经济研究，2021，38（7）：3－25.

④ 盛斌，刘宇英．中国数字经济发展指数的测度与空间分异特征研究［J］．南京社会科学，2022（1）：43－54.

⑤ 焦帅涛，孙秋碧．我国数字经济发展测度及其影响因素研究［J］．调研世界，2021（7）：13－23.

⑥ 王军，朱杰，罗茜．中国数字经济发展水平及演变测度［J］．数量经济技术经济研究，2021，38（7）：26－42.

⑦ 赵涛，张智，梁上坤．数字经济、创业活跃度与高质量发展——来自中国城市的经验证据［J］．管理世界，2020，36（10）：65－76.

⑧ 郭炳南，王宇，张浩．数字经济发展水平的区域差异、分布动态及收敛性——基于中国十大城市群的实证研究［J］．金融与经济，2022（1）：35－44.

东和杨晓霞（2021）采用灰关联与耗散结构理论方法，发现数字经济对中国产业结构升级的影响呈现阶段性特征①；数字经济可以通过发挥创新、协调以及关联三大效应促进产业结构优化，且大数据的深度应用可以助力产业结构高级化与合理化水平的提升②③（丁志帆，2020；吕明元和苗效东，2020）；肖旭和戚聿东（2019）基于价值维度发现产业数字化有利于提高商品的使用价值效率和产业的生产效率，有效发挥不同产业间的联动效应、溢出效应以及扩散效应，赋能产业结构优化升级④。从微观企业角度来看，数字经济对企业转型升级具有重要作用，尤其是数字化技术与方案的深度应用，可以在一定程度上缓解企业运行的难点与痛点，赋能企业价值链向更高水平攀升，有利于企业摆脱“低端锁定”困境（裘莹和郭周明，2019）⑤。从作用机制来看，林宇豪和陈英葵（2020）从理论层面分析了数字经济驱动我国产业转型升级的内在机理，指出增加要素流动节点和管道、提升要素资源配置效率、增进要素之间良性互动有利于促进产业更加紧密融合发展⑥；白雪洁等（2021）通过构建多部门经济增长模型，认为数字经济可以通过产业间技术进步差异推动产业结构转型⑦。

2.3.2 产业高质量发展相关研究

现有研究主要聚焦于产业高质量发展的内涵和特征，对产业高质量发展的机理和实现路径研究较少，主要从创新驱动、产业转型升级、供给侧结构性改革以及产业链重塑等方面进行探讨。在创新驱动方面，认为实现产业高质量发

---

① 陈晓东，杨晓霞．数字经济发展对产业结构升级的影响——基于灰关联熵与耗散结构理论的研究［J］．改革，2021（3）：26－39.

② 丁志帆．信息消费驱动下的传统产业变革——基本内涵与内在机制［J］．经济学家，2020（3）：87－94.

③ 吕明元，苗效东．大数据能促进中国制造业结构优化吗？［J］．云南财经大学学报，2020，36（3）：31－42.

④ 肖旭，戚聿东．产业数字化转型的价值维度与理论逻辑［J］．改革，2019（8）：61－70.

⑤ 裘莹，郭周明．数字经济推进我国中小企业价值链攀升的机制与政策研究［J］．国际贸易，2019（11）：12－20＋66.

⑥ 林宇豪，陈英葵．数字经济与产业结构升级——基于要素流动视角下的空间计量检验［J］．商业经济研究，2020（9）：172－175.

⑦ 白雪洁，宋培，李琳，等．数字经济能否推动中国产业结构转型？——基于效率型技术进步视角［J］．西安交通大学学报（社会科学版），2021，41（6）：1－15.

展应利用各领域前沿科学技术实现各产业在生产端的突破，如利用生物技术实现畜禽良种、饲料配制、疫病防治等领域的创新突破①（于法稳等，2021），利用信息化、智能化等技术，搭建具有公共服务属性的经营平台，扩大销售范围，通过科技创新解决高端产业核心技术缺乏的问题，掌握关键核心技术，减少资源浪费、提高资源配置效率，提升产业生产效率，从而推动产业生产方式向智能化、绿色化转型（罗千峰等，2022）②。从供给侧来看，实现产业高质量发展供给侧应做到“以用户需求为导向”，根据消费需求的变化，不断优化供给结构，提高供给质量（郑耀群和孙瑞环，2022；谢思和夏先瑞，2022）③④。在产业链上，应利用大数据、云计算等数字信息技术，收集产业各环节数据，发挥数据价值，重塑产业链，实现产业链、价值链以及供应链的融合，保证各链条的顺畅运行以及协调联动，从而推动产业高质量发展（李佩函，2023；贾康和张晶晶，2024）⑤⑥。在产业转型升级过程中，要推动产业规模、效益、结构以及模式的提升和转变，优化产业发展的营商环境和治理体系，推动新兴产业和传统产业融合，培育新业态，从而实现产业高质量发展⑦（夏长杰和张雅俊，2024）。

2.3.3 成渝地区双城经济圈相关研究

主要从成渝地区双城经济圈数字经济以及产业发展两个方面对相关研究进

① 于法稳，黄鑫，王广梁．畜牧业高质量发展：理论阐释与实现路径［J］．中国农村经济，2021（4）：85－99.

② 罗千峰，赵奇锋，张利庠．数字技术赋能农业高质量发展的理论框架、增效机制与实现路径［J］．当代经济管理，2022，44（7）：49－56.

③ 郑耀群，孙瑞环．我国工业高质量发展评价与实现路径［J］．科技管理研究，2022，42（12）：46－52.

④ 谢思，夏先瑞．数字经济赋能制造业高质量发展的内在机理与实现路径［J］．开发研究，2022（5）：9－18.

⑤ 李佩函．中国粮食产业高质量发展机理与实现路径［J］．粮食科技与经济，2023，48（1）：4－9.

⑥ 贾康，张晶晶．以协同创新促进中小企业特色产业集群高质量发展：内在机理、现实困境与突破路径［J］．改革与战略，2024，40（1）：119－130.

⑦ 夏杰长，张雅俊．数字化赋能服务业高质量发展的内在机理与路径［J］．社会科学战线，2024（3）：41－50.

行归纳。一是成渝地区双城经济圈数字经济发展研究。如王浩力等（2024）研究认为，成渝地区双城经济圈数字技术应用的企业扩散速度及覆盖范围均处于上升趋势，小型规模企业数量增加最多，其次为微型、中型和大型企业，且数字技术应用的产业集聚水平整体呈现上升趋势，产业布局呈现“东（略偏南）—西（略偏北）”的空间演化态势①；周迪（2023）认为，成渝地区数字经济呈现蓬勃发展势头，逐渐成为地区经济发展的重要组成部分，主要体现在电子商务的发展、移动支付的普及、人工智能的发展以及数字化服务业等方面，但发展过程中仍存在数字经济发展不平衡、缺乏核心技术、高精尖人才短缺等问题②；高彪等（2023）基于成渝地区双城经济圈16个城市的空间面板数据，运用时序全局主成分法测算了成渝地区双城经济圈数字经济指数并对其时空特征进行分析，研究发现，成渝地区双城经济圈数字经济呈现“双核”空间集聚态势，从空间相关性上看，成都、德阳、绵阳、眉山和重庆、广安、达州、泸州均呈现出H－H型集聚特征，内江、自贡、宜宾呈现出L－L型集聚态势③；何玉梅等（2022）对数字经济和经济高质量发展的耦合协调关系研究得出，成渝地区双城经济圈数字经济与经济高质量发展的耦合协调度呈现上升趋势，但耦合协调度总体偏低，且各城市间存在一定差距，数字经济推动经济高质量发展的贡献不断增强，但贡献度偏低④；孙畅和冯仁琼（2024）基于成渝地区双城经济圈城市面板数据，构建了数字经济与产业耦合共生系统，对数字经济与产业耦合共生水平进行测度，并对其分布动态、区域差异和产业差异进行分析，认为成渝地区双城经济圈数字经济与产业耦合共生水平不断提升，但空间分布不均衡，且耦合共生水平存在产业异质性⑤。

二是成渝地区双城经济圈产业发展研究。如黄庆华等（2023）通过对三

① 王浩力，向静，黄庆华．成渝地区双城经济圈数字技术应用时空演化特征及驱动因素［J］．世界地理研究，2024，33（3）：131－146.

② 周迪．成渝地区数字经济发展现状及驱动策略探究［J］．投资与创业，2023，34（13）：34－36.

③ 高彪，陈娟丽，黄立军．成渝地区双城经济圈数字经济的时空演变及其影响因素［J］．绵阳师范学院学报，2023，42（11）：114－121.

④ 何玉梅，易大智，陈颖．成渝地区双城经济圈数字经济与经济高质量发展耦合协调度研究［J］．科技管理研究，2022，42（15）：196－203.

⑤ 孙畅，冯仁琼．数字经济与产业耦合共生发展——以成渝地区双城经济圈为例［J］．统计与决策，2024，40（3）：133－138.

次产业发展水平以及产业系统间耦合协调度的分析认为，成渝地区双城经济圈产业发展水平整体呈现上升趋势，农业指数相对偏低，工业发展稳中有升，服务业指数上升明显，但产业整体融合程度较低①；王大琼（2024）基于对《成渝地区双城经济圈一体化发展指数报告（2022～2023）》的分析，认为成渝地区双城经济圈现代化产业体系协同构建在发展能级持续提升、经济结构调整优化、工业发展质量提质增质、新兴产业蓬勃发展、资源要素聚集能力提升等方面取得了一定成就，但仍存在产业同质化、创新能力不高、内部区域经济发展不协调等问题②；李培等（2024）通过对成渝地区双城经济圈与长三角产业创新协作的比较分析，认为两区域在产业创新发展水平、产业创新载体园区数量、品牌影响力、产业创新主体的数量和质量等方面均存在差距较大③；梁元等（2023）指出，成渝地区双城经济圈产业同质化的问题日益明显，且产业科技创新能力略显不足，产业协同意识和程度较低④；游曼淋（2023）指出，四川和重庆两地间的产业协同水平较低，但两地产业子系统有序度均呈现上升趋势，产业系统有序发展态势较好⑤。

2.3.4　文献述评

现有文献对数字经济和产业高质量发展进行了较为详细的研究，为本研究提供了参考和借鉴，通过对文献的归纳整理可以发现：

1. 现有研究主要聚焦于数字经济、产业高质量发展的分析探讨，对数字经济和产业高质量发展关系的研究较少。随着技术的革新与发展，数字经济在经济高质量发展过程中的重要性不断凸显，推动数字经济与产业融合发展，是

---

① 黄庆华，向静，潘婷．成渝地区双城经济圈产业融合发展：水平测度、时空分布及动力机制［J］．重庆大学学报（社会科学版），2023，29（6）：17－35.

② 王大琼．成渝地区现代化产业体系协同创新发展研究［J］．中小企业管理与科技，2024（1）：164－166.

③ 李培，李星，黄庆华．成渝地区双城经济圈与长三角一体化发展产业创新协作：难点、成因及优化路径［J］．当代金融研究，2024，7（2）：82－95.

④ 梁元，曹俺艮，季青云，等．成渝地区双城经济圈产业协同发展研究［J］．海峡科技与产业，2023，36（4）：15－17.

⑤ 游曼淋．成渝地区双城经济圈产业协同发展综合测评及对策研究［J］．湖北经济学院学报，2023，21（2）：101－109.

提升产业核心竞争力，构建现代化产业体系，促进产业高质量发展的重要途径，对数字经济赋能产业高质量发展机理和模式的研究显得更为重要。

2. 现有文献从内在动因、路径模式等层面对数字经济推动产业高质量发展开展研究，对数字经济和产业融合发展的研究不足，数字经济与产业共生关系的研究有待深化。数字经济和产业融合共生包含多重因素，融合共生主体、融合共生模式和外部环境共同构成了数字经济和产业融合共生系统。因此，需要构建数字经济与产业融合共生系统分析框架，对数字赋能产业高质量发展进行系统分析。

3. 现有文献对数字经济与产业融合共生程度判定方法的研究不足，缺乏对数字经济与产业融合共生水平的评价分析。构建数字经济与产业融合共生评价模型，对成渝地区双城经济圈数字经济与产业融合共生水平进行科学的测度及评价，是开展数字赋能成渝地区双城经济圈产业高质量发展研究的基础。

鉴于此，虽然国内外学者从不同角度对数字经济和产业高质量发展进行了研究，但对于数字赋能产业高质量发展的研究仍有待深化。数字经济与产业融合发展在推动经济高质量发展过程中的重要性不言而喻，随着数字技术的发展，数字经济与产业发展间将更多呈现出高度关联、深度渗透、紧密互利的共生特征，数字经济与产业发展的关系被赋予了新的内涵。本研究基于共生理论构建了数字赋能产业高质量发展系统框架，对数字赋能成渝地区双城经济圈产业高质量进行理论和实证研究，探索数字赋能成渝地区双城经济圈产业高质量发展的模式选择和实现路径。

第 3 章

数字赋能产业高质量发展的理论框架构建

基于共生理论，构建数字赋能产业高质量发展系统框架，分析系统基本构成要素及数字经济与产业融合共生的阶段特征，从资源要素、链条重塑、业态创新等维度对数字赋能产业高质量发展的机理进行解析。

3.1 数字赋能产业高质量发展的系统构建

3.1.1 数字赋能产业高质量发展的系统框架构建

我国学者袁纯清最早将生物学中的“共生”概念引入经济学领域并构建了经济学分析的“共生理论”逻辑框架，为构建数字赋能产业高质量发展系统框架提供了参考和借鉴。

共生理论基于共生现象的识别，探寻共生单元之间、共生单元与共生系统、共生系统与环境之间的关系。基于共生理论基本逻辑构建数字经济与产业融合共生系统，对数字赋能产业高质量发展进行分析。在数字经济与产业融合共生系统中，数字经济发展水平、产业发展水平、数字经济与产业之间的作用关系、外部环境均会对数字经济与产业融合共生过程产生影响。因此，数字经济与产业融合共生系统包含了融合共生主体、融合共生模式、外部环境三个基本构成要素。在数字经济与产业融合共生系统的三个构成要素中，融合共生主体是数字经济与产业融合共生的基础，融合共生模式是数字经济与产业融合共生的内部路径，外部环境是实现数字经济与产业融合发展的外在条件，数字经济与产业融合共生系统即是一组融合共生主体、融合共生模式和外部环境的有机组合，能够反映数字经济与产业融合共生的特征及演变方向。因此，基于“共生理论”的数字经济与产业融合共生系统分析框架为：识别数字经济与产业融合共生的阶段特征，厘清数字经济与产业融合共生发展的机理，探讨数字经济与产业融合共生模式及外部环境优化路径。

在由数字经济与产业构成的融合共生系统中，数字经济和产业是融合共生的主体，数字经济与产业间相互作用的模式构成了数字经济与产业融合共生的内部路径，影响数字经济与产业融合共生过程的政策环境、技术环境、经济环境等构成了数字经济与产业融合共生系统的外部环境。在该融合共生系统中：(1) 数字经济和产业是两个不同的共生单元，依托于大数据、人工智能、5G通信等新兴技术的数字经济为产业高质量发展提供了技术支持和创新动力，产业转型升级、产业需求等是促进数字经济创新发展的基础和动力；(2) 数字经济与产业融合共生的过程是动态的、开放的，以互利共生为特征，以融合协调为表现形式，以协同发展为最终特征，使两个融合共生主体相互适应并配合达到效率最佳的状态；(3) 外部环境的动态变化会使两个融合共生主体间原有的良好融合共生关系发生变化，这就要求融合共生主体间能够根据对方状态的变化及环境变化进行自我调整，相互适应，寻求新的融合共生模式，使两个融合共生主体始终保持良好的融合共生状态，推进数字经济与产业融合共生系统不断优化升级。数字经济与产业融合共生系统分析框架如图3.1所示。

3.1.2 基本构成要素

(1) 数字经济与产业融合共生主体。

在数字经济与产业融合共生系统中，数字经济和产业是该系统中的两个共生单元，是构成数字经济与产业融合共生系统的基本要素，也是数字经济与产业融合共生的主体。

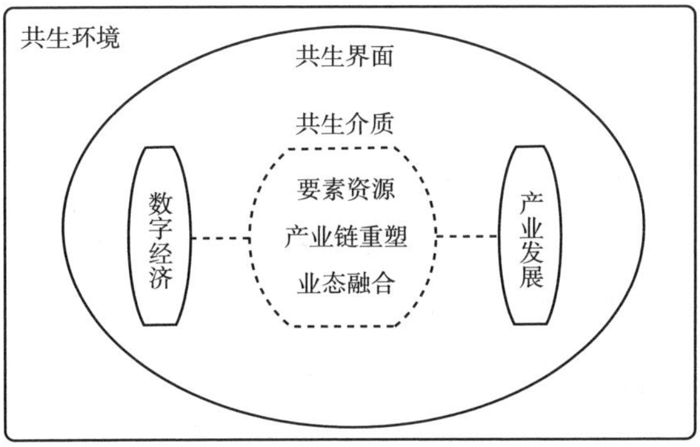

图3.1　数字经济与产业融合共生系统分析框架

数字经济与产业内部特征的分析和描述是进行数字经济与产业融合共生研究的基础。通常情况下，数字经济与产业的内部特征及其变化是一系列因素共同作用的结果。因此，对数字经济与产业内部特征的分析和描述也需要从系统的多维度视角展开，首先需要确定决定数字经济与产业内部特征及其变化的主要因素。随着数字经济与产业所处外部环境的变化以及数字经济与产业发展阶段的演变，决定数字经济与产业内部特征的各因素所占权重不同。在一个特定时期内，数字经济与产业之间融合共生关系的形成由某一核心因素主导，核心因素是数字经济与产业发展的动力，也是数字经济与产业间融合共生关系形成和发展的基础，其动态变化过程反映了数字经济与产业的演化进程。数字经济和产业向高质量发展方向演化推进，对决定数字经济与产业内部特征及融合共生关系的核心因素提出更高要求，数字经济与产业要素需要不断调整以保持数字经济与产业间持续的最优关系。

（2）数字经济与产业融合共生模式。

数字经济与产业融合共生模式是指数字经济与产业融合共生的具体形式，反映了数字经济和产业的相互作用方式，既体现了数字经济与产业的作用关系，又体现了这一作用关系对数字经济和产业发展、数字经济与产业融合共生系统可能带来的影响，是实现数字经济与产业融合共生的内部路径。数字经济与产业融合共生模式并非固定不变，而是随着数字经济与产业、外部环境的变化而变化。例如，在融合共生初期数字经济带动产业发展，随着产业的发展和演进，产业发展将回馈数字经济并带动其发展，最后实现数字经济与产业的协同发展。因此，可以进一步从不同角度对数字经济与产业融合共生模式进行划分。

（3）数字经济与产业融合共生环境。

数字经济与产业融合共生系统以外的所有因素共同构成了数字经济与产业融合共生的外部环境，数字经济与产业的不同融合共生模式是在一定的环境中形成和变化的，外部环境相对于数字经济和产业是外生的，外部环境的变化会对数字经济与产业融合共生系统内的融合共生主体和融合共生模式形成冲击，打破数字经济和产业间原有的均衡状态，促使新稳态的形成。数字经济与产业融合共生系统的外部环境是多重的、复杂的，通过政策、技术、经济等对数字经济、产业发展及其融合共生模式产生影响。

外部环境与融合共生系统中数字经济、产业发展以及融合共生模式的作用关系是动态变化的，数字经济与产业融合共生模式会随着时间和空间条件的变化而变化。数字经济、产业发展、融合共生模式、外部环境任一环节变化都会改变外部环境与融合共生单元、融合共生模式间原有的作用关系，促使新作用关系的形成。当外部环境与融合共生单元、融合共生模式间产生双正向影响时，数字经济与产业间形成良好的融合共生模式，实现了数字经济与产业融合共生系统的整体优化升级，并反作用于外部环境，对外部环境产生积极影响。

3.1.3 数字经济与产业融合共生阶段特征

借鉴共生理论中的寄生、偏利共生、非对称互惠共生以及对称互惠共生四种共生模式，将数字经济与产业融合共生阶段划分为依存、单边利益共生、差异化融合共生、融合互惠共生四个阶段。

（1）依存阶段。

在依存阶段，融合共生的一方从另一方获得能量，存在依存者和被依存者的单向交流机制，这种机制有利于依存者的发展，但对被依存者的发展没有益处。从产业依存于数字经济的角度来看，主要表现为产业主体在数字经济环境下，依赖数字经济的资源、技术和平台实现自身的转型和升级。传统产业可能面临技术创新、市场拓展、效率提升等方面的挑战，而数字经济则提供了解决这些问题的可能途径。例如，传统制造业企业利用大数据、云计算和物联网等技术优化生产流程、提高产品质量、降低运营成本。同时，也可以借助电商平台和社交媒体等数字渠道拓展销售渠道、增强品牌影响力。在这个过程中，传统产业对数字经济的依赖性逐渐增强，形成了依存关系。数字经济为传统产业提供了必要的资源和技术支持，而传统产业利用这些资源和技术实现自身的升级和发展。这种依存关系有助于推动传统产业的数字化转型，提升整个产业的竞争力。从数字经济依存产业的角度来看，主要表现为数字经济在某些环节或领域依赖于传统产业的支持和配合。虽然数字经济在技术创新和市场拓展等方面具有明显优势，但在生产制造、物流配送等方面仍需要传统产业的参与和协作。例如，一些电商平台需要与传统物流企业合作，以确保商品能够快速、准确地送达消费者手中。此外，数字经济在发展过程中也需要不断吸收传统产业的经验和知识，以更好地适应市场需求和变化。数字经济与产业发展呈现出一种相互依存的关系，数字经济依靠传统产业在某些环节的支持和配合，实现自身的持续发展和创新。同时，传统产业通过数字经济获得新的发展机遇和市场空间，这种相互依存的关系有助于促进数字经济与产业发展的融合，推动整个经济体系的转型和升级。

（2）单边利益共生阶段。

在此阶段，数字经济与产业之间存在一定的互利关系，但利益不均衡。数字经济通过提供新的技术、工具或平台，帮助产业提高效率、降低成本、开拓新市场，但产业发展对数字经济的直接贡献相对有限。这一阶段，数字经济快速发展，同时产业也存在转型升级的迫切需求。数字经济以其先进的数字技术和创新能力，为产业发展提供了技术支持和解决方案，帮助产业实现数字化转型。通过引入大数据分析、云计算、人工智能等先进技术，产业可以优化生产流程、提高生产效率、降低运营成本，从而提升市场竞争力。另外，产业可以借助数字经济拓宽市场渠道，增强品牌影响力，快速提升市场份额、品牌知名度和美誉度。此外，数字经济还可以为产业提供个性化的产品和服务，满足消费者多样化的需求，进一步拓展市场空间。同时，数字经济以其强大的创新能力助推产业创新发展，推动新技术、新产品和新模式的涌现。基于数字技术的发展，产业可以接触到最新的技术和创新理念，激发产业创新活力，增加研发投入，并借鉴数字经济的创新经验，推动技术创新和产业升级。

（3）差异化融合共生阶段。

在此阶段，数字经济与产业之间的互利关系更为显著，但互利程度存在一定差异。一方面，数字经济通过技术创新和模式创新，推动产业转型升级和效率提升，另一方面，产业发展也为数字经济提供了广阔的应用场景和市场空间。但是，由于双方在资源、技术、市场等方面的差异，导致互利程度存在差异。在差异化融合共生阶段，无论是数字经济还是产业都能在此阶段获得一定的利益。数字经济应用于产业发展，拓展了数字技术的应用场景，有利于获取更多的市场数据和用户反馈，推动数字技术和服务不断优化。与此同时，产业通过引入数字技术，提升生产效率、优化产品结构、拓展销售渠道，实现产业升级和转型。但这种互利并不是完全对称的，它们在融合共生关系中获得的利益并不完全相等。数字经济可能凭借其技术优势和市场主导地位，获得更大的利益份额，而产业则可能由于技术落后、市场适应性差等原因，获得相对较少的利益。

（4）融合互惠共生阶段。

数字经济与产业融合互惠共生是一种理想的融合共生状态，强调在融合共生关系中，双方能够平等地分享利益、积累经验、实现进化。这一阶段的实现建立在数字经济与产业之间深度融合和协同发展的基础上。

首先，在融合互惠共生阶段，数字经济和产业之间的利益分配是对称的。这意味着无论是数字经济还是产业发展，都能从融合共生关系中获得相对均等的利益。这种利益分配的对称性有助于激发双方的积极性和创造力，促进双方更加投入地参与到融合共生关系中，共同实现发展和进步。其次，融合互惠共生有助于双方实现资源共享和优势互补。数字经济具有先进的技术、大数据和创新优势，产业发展拥有丰富的行业经验、市场资源和生产能力。通过融合共生关系，可以相互借鉴、相互学习，实现资源共享和优势互补，共同提升竞争力。此外，融合互惠共生还能够促进数字经济和产业融合创新发展，有利于研发新技术、新产品和新模式，推动产业升级和数字化转型。这种融合创新在提升市场地位和影响力的同时，还能够为社会带来更多的经济效益和社会效益，数字经济与产业发展实现了真正的融合共赢。在这一阶段，通过数字经济与产业发展的资源共享和合作渗透，共同推动技术创新、产业升级和市场拓展，两者之间的界限逐渐模糊，形成一个紧密联系的生态系统，实现产业的高质量发展。

3.2 数字赋能产业高质量发展的机理分析

数字经济的发展使其成为推动产业高质量发展的重要动力源，数字赋能产业转型升级，显著提升传统要素利用效率、推动产业链重塑以及产业业态创新，为产业发展注入新动能，推动产业发展更加高效、智能、绿色，实现高质量发展。

3.2.1 数字赋能产业传统要素利用率提升

数字经济的发展一方面使传统要素的角色和定位发生了改变，另一方面也催生了一系列新的生产要素。通过数字赋能提升传统要素利用率，有利于提升产业的产出效率及质量，推动形成新质生产力，实现产业高质量发展。

（1）数字赋能提升劳动力利用率。

数字经济使劳动力结构、技能需求以及劳动力市场运行机制均发生了变化，提升了劳动力利用率。

第一，劳动力结构的改变。首先，数字经济的发展推动了产业结构的优化和升级，进而影响了劳动力分布。一方面，数字技术的广泛应用推动了现代服务业和高技术产业的快速发展，对高技术劳动力的需求不断增加；另一方面，传统制造业和农业的就业比重逐渐下降，劳动力逐渐向第三产业转移。劳动力在产业间的重新分配使服务业成为吸纳就业的主要渠道，促进了劳动力结构的优化。其次，劳动力在行业间出现了明显的流动变化。一方面，电子商务、云计算、大数据、人工智能等新兴行业快速发展，吸引了大量高技能劳动力的流入；另一方面，制造业、零售业等传统行业受到数字化冲击，面临着劳动力流失和转型的压力，需要加快数字化转型以适应市场变化。随着数字技术的普及和应用，企业需要更多具备数字化技能和创新能力的劳动力，高技能劳动力需求不断增加，而低技能劳动力则面临着就业压力，这种技能层次的提升与分化使劳动力市场上出现了明显的技能差距。此外，随着新兴产业的快速发展，对高端人才的需求也日益增加，进一步加剧了劳动力市场的竞争。数字技术打破了传统劳动力市场的地域限制，使劳动力资源得以更为充分地利用，数字技术推动下的远程工作和灵活就业也为劳动者提供了更多的就业选择和机会，促进了劳动力市场的多元化发展。最后，数字经济加速了劳动力市场的全球化进程。通过互联网和数字平台，劳动力可以跨越国界寻找工作机会，实现跨国就业。这不仅拓宽了劳动力的就业渠道，也促进了全球劳动力资源的优化配置，但同时也进一步加剧了劳动力市场的竞争和挑战，劳动者必须不断提升自身技能和竞争力以适应市场需求的变化。

第二，技能需求的变化。首先，数字经济推动了技能需求类型的转变。传统劳动力市场主要依赖生产线操作、基础数据处理等基础技能和重复性劳动，而在数字经济时代，这些基础技能逐渐被自动化和智能化技术所替代。数据分析、人工智能、云计算等高级技术应用成为许多岗位的必备技能，数字技能、创新思维和跨界整合能力将成为新的需求热点。随着数字技术与各行业的深度融合，具备跨界整合能力的复合型人才将备受青睐。其次，数字经济对技能需求的数量产生影响。随着数字经济的发展，新兴产业和新型业态不断涌现，这些新产业和新业态对劳动力的需求呈现爆发式增长，特别是那些与数字技术紧密相关的电子商务、互联网金融、智能制造等领域，对技能型劳动力的需求更是增长强劲。再次，数字经济提升了技能需求的质量。数字经济时代，技能不再是一种简单的操作能力，更是一种综合性的素质和能力。企业需要员工具备更强的学习能力、创新能力和适应能力，以应对不断变化的市场需求和技术发展，传统行业在数字化转型过程中，对劳动力的技能需求也提出了更高要求。因此，劳动者需要不断提升自身的综合素质和专业技能，才能适应数字经济时代的职业发展需求。最后，数字经济还推动了技能需求的结构性变化。一方面，随着数字技术的普及和应用，一些传统的高技能岗位将会被自动化和智能化技术替代，一些新兴的数字技能岗位也将应运而生；另一方面，数字经济促使职业分工更加细化和专业化，劳动力市场将出现更为细化的专业化技能需求。

第三，劳动力市场运行机制的变化。首先，数字经济提高了劳动力市场的信息透明度。在数字技术推动下，各种招聘平台、职业信息网站和社交媒体等渠道使劳动力市场的信息更加公开和易于获取。劳动者可以更方便地了解各种岗位的需求、薪酬水平、工作环境等信息，从而做出更明智的职业选择。与此同时，企业也可以更全面地了解劳动者的教育背景、技能特长和经验等信息，为精准招聘提供了可能。其次，数字经济提升了劳动力市场的匹配效率。通过大数据和算法技术，招聘平台可以实现对求职者和岗位的精准匹配，大大提高了匹配效率。这种匹配不仅基于传统的学历、经验和技能等因素，还可以考虑性格、兴趣、价值观等更多维度的信息，找到更为合适的匹配对象，提升匹配质量。匹配效率和质量的提升有助于减少劳动力市场的摩擦，降低企业和劳动者的搜寻成本。此外，数字经济还促进了劳动力市场的灵活性。远程办公、灵活就业等新型工作模式在数字经济的推动下得到普及，劳动者可以更加灵活地安排自己的工作时间和地点。这种灵活性不仅提高了劳动者的工作满意度和幸福感，也有助于企业实现更为高效的资源配置，降低运营成本。数字平台经济的发展也为劳动者提供了更多的就业选择和机会，使劳动力市场的供需关系更加平衡。最后，数字经济加速了劳动力市场的全球化。通过数字技术和互联网的应用，劳动者可以跨越国界寻找工作机会，企业也可以在全球范围内寻找合适的人才，有助于实现劳动力资源的优化配置，降低国际的经济差异。全球化的劳动力市场不仅为企业提供了更多的人才选择，也为劳动者提供了更广阔的发展空间，有助于推动产业的繁荣和发展。

（2）数字赋能提升技术利用率。

数字经济通过重塑技术角色、提升技术创新的速度与广度、深化和拓展技术应用、提升知识管理与决策水平等多个方面，提升产业的技术知识利用率。不仅有助于降低企业的创新成本和风险，还有利于加速技术知识的应用和推广，推动产业的持续创新。

第一，重塑技术角色。在数字经济时代，技术的角色发生了根本性改变，已由用于提升生产效率或优化业务流程的辅助工具，转变成为推动经济发展的核心动力，不仅改变了传统产业的运作方式，还催生了全新的产业形态和商业模式。数字经济中的技术不再是孤立的工具或手段，而是与经济活动的各个环节深度融合，成为经济发展的内在要素。从生产到消费，从管理到决策，技术都发挥着至关重要的作用，使经济活动更加高效、智能和可持续，为产业高质量发展提供了强大的支撑。

第二，加速技术创新。数字经济加速了技术创新的速度和广度。一方面，随着大数据、云计算、人工智能等数字技术的快速发展，新技术的涌现和迭代速度不断加快，使企业能够更快地掌握和应用新技术，推动产品和服务的创新。另一方面，数字经济打破了技术创新的地域限制，使全球范围内的技术资源和创新成果得以共享和交流，为企业提供了更广阔的创新空间和合作机会，促进了全球范围内的技术创新和产业升级。

第三，深化技术应用。数字经济推动了技术应用的深化与拓展。在过去，技术的应用往往局限于特定领域或行业，而在数字经济中，技术的应用范围不断扩大，几乎渗透到了经济社会的各个角落。一方面，数字技术被广泛应用于传统产业，推动了传统产业的数字化转型和智能化升级。例如，通过应用物联网技术，制造业可以实现设备的远程监控和维护；通过应用人工智能技术，服务业可以提供更加个性化和智能化的服务。另一方面，数字经济催生了众多新兴产业和业态，如数字内容产业、共享经济、在线教育等。这些新兴产业和业态的兴起，为产业高质量发展提供了新的增长点和新的动力源，推动了产业结构的调整和优化，使产业结构更加合理和高效。此外，数字技术的应用打破了地域限制，有利于实现资源的优化配置和共享，进一步缩小地区间产业发展差距，推动区域产业均衡发展。

第四，改变决策方式和管理模式。数字技术的广泛应用改变了企业的决策方式和管理模式。传统企业决策通常依赖于管理者的经验和直觉，而在数字经济时代，数据成为决策的重要依据。通过收集和分析大量数据，企业可以更准确地把握市场趋势和客户需求，做出更为明智的决策。同时，数字技术的应用改变了企业的管理模式。传统的层级式管理结构逐渐被扁平化、网络化的管理结构所取代，使企业内部的信息流通更加畅通，决策和执行更加高效。

（3）数字赋能提升资本利用率。

数字经济通过对资本配置方式、流动速度、风险特性、价值评估、资本形态和投融资模式等的影响，提升资本利用率。

第一，改变资本的配置方式。首先，数字经济使资本配置更加精准。不同于传统经济形态下资本配置依赖于有限的信息和主观的判断，难以做到精确匹配的状况，数字经济时代大数据技术的应用使企业和投资者能够获取包括市场供需信息、消费者行为数据、行业趋势分析等海量的数据资源。通过对这些数据的深度挖掘和分析，企业和投资者可以更准确地把握市场动态和投资机会，实现资本的高效配置。其次，数字经济提升了资本的配置效率。数字经济时代，云计算、区块链等新兴技术的应用为资本配置提供了更加便捷和高效的解决方案，打破了传统资本烦琐耗时的配置过程，简化了资本配置环节，减少了中介机构环节。通过云计算平台，投资者可以实时获取和处理数据，快速做出投资决策，区块链技术可以实现交易信息的透明化和可追溯性，降低交易成本，提高资本配置效率。此外，数字经济推动资本配置的全球化。数字经济时代，互联网等数字技术的普及和应用使信息传递更加迅速和广泛，打破了资本的地域限制，可以使资本更加自由地流动和配置。与此同时，跨境支付、数字货币等新兴金融工具的出现也为全球资本配置提供了更多的选择和可能性，全球化的资本配置方式不仅有助于实现资源的优化配置，也促进了国际贸易和投资的便利化。最后，数字经济促进资本配置的创新。数字经济时代，各种新兴技术、新模式和新业态层出不穷，为资本配置提供了更多的创新空间。例如，基于人工智能的算法交易可以实现自动化和智能化的投资决策，基于区块链技术的去中心化金融平台可以实现更加透明和高效的资金融通，基于物联网技术的智能投顾可以根据个人需求提供个性化的投资建议等。

第二，加速资本的流动速度。首先，大数据和云计算等技术的应用，极大地提升了数据处理和分析能力。通过实时收集、整理和分析海量数据，企业和投资者能够更准确地把握市场动态和投资机会。基于数据的决策方式，使资本能够更加精准地流向具有潜力的领域和项目，加速了资本的流动速度。其次，数字技术的普及和应用，降低了资本流动的门槛和成本。传统的资本流动方式受到地域、时间等因素的限制，而数字技术的出现打破了这些限制，通过互联网、移动支付等新兴技术，资本可以更加便捷地在不同市场之间流动，实现了资本的高效配置和快速周转。最后，区块链技术的应用也为资本流动提供了新的解决方案。通过去中心化、透明化的交易机制，降低了交易成本，提高了资本流动的效率。数字经济还催生了众多创新金融模式和平台，为资本流动提供更多的渠道和方式，使资本能够更加灵活地流动。

第三，改变资本的风险特性。首先，数字经济使资本的风险评估更为精准。大数据、云计算等数字技术的应用有助于获取更加全面、实时的数据信息，运用先进的算法和模型对投资项目进行深度挖掘和分析，从而更加准确地评估其潜在风险。其次，数字经济使资本的风险分散和转移更为容易。数字技术的应用降低了信息不对称和流动性限制，使投资者可以更加便捷地获取和分享信息，通过构建多元化的投资组合，实现风险的有效分散。与此同时，数字货币、区块链等新兴技术的出现也为风险转移提供了新的渠道和方式，投资者可以在更大范围内进行风险对冲和转移。再次，数字经济使资本的风险监测和预警更为及时。数字技术的应用可以对资本市场的运行状况进行实时监测和分析，及时发现和预警潜在的风险因素。通过风险预警系统对投资项目的风险状况进行动态跟踪和评估，一旦发现风险迹象便可以及时采取措施进行应对，从而避免或减少损失。最后，数字经济使资本的风险管理更为智能化。人工智能、机器学习等技术的快速发展为风险管理提供了新的工具和手段。运用这些技术可以对大量的风险数据进行自动化处理和分析，实现风险的自动识别、预警和应对。

第四，改变资本的价值评估方式。首先，数字经济推动了资本价值评估方法的创新。传统的净现值、内部收益率等资本价值评估方法，主要依赖企业的财务数据和历史表现预测未来的现金流和收益。数字经济时代，数据资产、无形资产以及用户行为等新型资本形态的出现，需要新的评估方法。如，基于大数据和机器学习的预测模型，可以更全面地考虑各种影响因素，更准确地评估资本的价值。其次，数字经济拓展了资本价值评估的维度。传统的评估体系注重企业的有形资产和财务数据，忽视了无形资产、用户关系、创新能力等对企业价值的重要影响。然而，在数字经济时代，这些无形资产和关系资本已成为企业竞争的核心优势。因此，在评估资本价值时，需要综合考虑企业的有形资产和无形资产，以及其在市场中的竞争地位、用户关系等因素，更全面地反映企业的真实价值。再次，数字经济提升了资本价值评估的准确性。大数据和人工智能技术的应用，可以收集和分析海量的市场数据、用户行为数据以及企业经营数据等，更准确地预测市场的变化趋势、评估用户的需求偏好以及企业的经营状况。这些数据的支撑使资本价值评估更加客观、准确，有助于投资者做出更为明智的投资决策。最后，数字经济催生了新的评估工具和平台。这些工具和平台利用云计算、区块链等先进的数字技术，为资本价值评估提供了更加便捷、高效的服务。

第五，催生新的资本形态和投融资模式。数字经济时代，数据、算法、知识产权等无形资产逐渐成为重要的资本形态。这些无形资产具有高度的增值潜力，能够为企业创造巨大的商业价值。同时，数字经济催生了更加多元化、高效的投融资方式。一方面，互联网金融的兴起使投融资活动更加便捷和透明。通过互联网平台，投资者可以直接接触到更多的融资项目，降低了信息不对称的风险。互联网金融提供了更加灵活和个性化的投融资产品，可以满足投资者的多元化需求；另一方面，区块链技术的应用为投融资活动提供了更加安全和可信的环境。区块链的去中心化、不可篡改等特性使投融资活动更加透明和可信，降低了欺诈和违约的风险，区块链技术还可以实现智能合约的自动执行，提高投融资活动的效率和可靠性。

3.2.2 数字赋能产业链重塑

产业链是指各个产业部门之间基于一定的技术经济关联，并依据特定的逻辑关系和时空布局关系客观形成的链条式关联关系形态。数字赋能产业链重塑可以从价值、供需、空间以及创新四个方面实现。

（1）数字赋能产业链价值增值。

数字经济通过提高生产效率、精准把握市场需求、创新商业模式、促进产业升级和优化资源配置等方式实现产业链价值增值。

首先，数字经济提高生产效率。应用人工智能、大数据、物联网等数字技术，可以实现生产过程的自动化和智能化，有利于提高生产效率，减少人力成本，降低能源消耗。生产过程的自动化和智能化可以提高产品质量，减少生产过程中的浪费和损耗，从而增加产品的附加值。其次，数字经济帮助企业精准把握市场需求。通过大数据分析和市场预测，企业可以及时了解市场趋势和消费者需求，调整产品设计和生产策略，更精准地把握市场需求，帮助企业避免库存积压和产能过剩，提高市场响应速度，增加销售收入和利润。再次，数字经济创新商业模式。数字经济催生了 C2M（消费者到制造商）等新兴商业模式，这些商业模式缩短了消费者与生产者之间的距离，降低了交易成本，提高了交易效率。新的商业模式还可以为消费者提供了更加多样化、个性化的产品和服务，满足消费者日益增长的个性化需求，从而有助于企业拓展市场份额，增加销售收入和利润。复次，数字经济促进产业升级。通过推动产业数字化转型和数字产业化发展，推动产业升级。数字产业化可以催生新产业和新业态，拓展产业边界，产业数字化可以推动传统产业进行根本性改造升级，实现产业转型升级，有助于提高企业生产效率和产品质量，增加产品附加值。最后，数字经济通过优化资源配置实现产业链价值增值。一方面，通过数字平台实现资源的共享和优化配置，提高资源利用效率；另一方面，帮助企业更好地管理供应链和物流系统，降低物流成本，提高物流效率，最终实现企业降低成本、提高效率、增加收入的目的。

（2）数字赋能产业链供需匹配。

通过数据实时分析与预测、供应链透明化与可视化、供需信息共享、智能决策支持系统等方面的应用和实践，为产业链提供更加高效、智能和精准的供需匹配解决方案。

首先，数据实时分析与预测。大数据分析技术增强了产业的实时数据收集和处理能力。通过对产业链各个环节实时数据的分析，企业可以准确了解当前原材料供应、生产进度、市场需求等状况，基于实时数据，企业可以利用预测分析技术预测未来的供需趋势，提前做出相应的调整。这种预测能力有助于企业更好地把握市场机会，降低库存风险，提高生产效率。其次，数字经济促进供应链透明化与可视化。物联网（IoT）和云计算技术的应用使供应链的透明化和可视化成为可能。通过物联网设备，企业可以实时监控原材料、半成品和成品在供应链中的位置、状态和数量，确保供应链的顺畅运行。云计算技术提供了强大的数据处理和存储能力，企业能够随时访问和分析供应链数据。这种透明化和可视化的能力有助于企业更好地了解供应链的运作情况，及时发现和解决问题，优化供应链管理。再次，数字经济推动供需双方信息共享。数字经济中供应商和消费者之间的信息壁垒被打破，双方可以实现信息的实时共享。消费者通过数字平台反馈需求和建议，供应商可以根据反馈调整产品设计和生产策略。供应商也可以通过数字平台向消费者展示产品的生产过程和品质保障措施，增强消费者的信任度和忠诚度。最后，数字经济助力智能决策。人工智能（AI）和机器学习技术在产业链供需匹配中发挥着重要作用。数字经济推动了智能决策支持系统的产生，智能决策支持系统可以自动处理大量的数据和信息，减少人工干预和错误，提高决策效率和准确性。通过智能决策支持系统，企业可以利用算法和模型分析复杂的数据集，为管理层提供有价值的见解和建议，使企业可以更快速地应对市场变化，优化资源配置，提高生产效率。同时，人工智能还可以基于大量的历史数据和实时数据，建立供需预测模型，对未来的市场需求进行预测。预测模型考虑了季节性、周期性、突发事件等多种因素，提高了预测的准确性，企业可以提前调整生产计划，确保产品的供应与市场需求相匹配。

（3）数字赋能产业链空间整合。

通过跨区域数字化服务平台、优化空间共享，以及协同创新等，促进产业链在空间维度上的优化和协同，实现产业链空间整合。

首先，跨区域数字化服务平台，打破了产业链的空间信息壁垒。区域间产业发展往往存在着信息不对称、沟通不畅等问题，限制了区域产业链的合作与协同。基于数字技术的跨区域数字化服务平台，为产业链上的企业提供技术、资金、人才、市场等各种信息和资源一站式全方位服务支持，实现了产业信息的集中共享和实时更新，使企业可以更加便捷地获取到链上相关企业的动态和需求，为区域间产业链合作提供了有力支持。企业通过与产业链上下游合作伙伴的实时沟通和协作，实时分享信息、交流经验、协调行动，共同研发新产品、优化生产流程、拓展市场渠道等，降低交易成本，提高运营效率。其次，数字经济推动了产业链资源的空间共享。通过数字化技术，企业可以更加精准地把握资源的分布和利用情况，实现资源空间维度的优化配置。同时，产业链上企业可以更加便捷地获取所需资源和服务，实现不同地区产业链环节的协同合作和资源共享，提高资源利用效率。这种区域间资源的优化配置和共享，有助于形成优势互补、互利共赢的产业链生态，不仅加强了产业链的空间互联性，也提高了产业链的运作效率，推动产业链的空间整合。最后，数字经济还促进了区域间产业链创新要素的协同合作。通过数字化平台，企业可以更加便捷地实现区域间创新要素的交流和合作，更多地参与到产业创新的分工合作中，共同推动产业链的创新升级。区域间创新要素的共享与流动，有利于区域产业间形成更加紧密的创新合作关系，进一步增强产业链的空间联系，实现了全域产业链的价值共创。

（4）数字赋能产业链创新升级。

通过数据驱动的创新决策、智能化生产与管理、产品与服务创新、创新生态系统构建等，推动产业链实现创新升级和持续发展。

首先，数字经济时代，大数据技术的广泛应用使产业链各个环节都可以产生和收集大量的数据。通过对这些数据的深度挖掘和分析，可以为产业链创新决策提供有力的支持。利用数据分析工具帮助企业识别市场趋势、消费者需求、产品改进点等，有助于企业制定更加精准、有效的创新策略。其次，人工智能、物联网等技术的应用使生产和管理过程更加智能化、自动化，为产业链创新升级提供了技术支撑。通过智能化设备和系统，企业可以实现对生产过程的实时监控和管理，及时发现和解决生产和管理中的问题，提高管理效率，提升产品质量和交付速度。此外，数字经济时代，消费者对于产品和服务的需求越来越个性化和多样化，数字技术可以帮助企业更好地了解消费者需求，提供定制化的产品和服务。通过大数据分析、人工智能等技术，助力企业开发更加符合消费者需求的新产品、新服务，提高产品的市场竞争力。最后，数字技术可以强化产业链中各方的合作与交流，构建更加紧密的创新生态系统。在产业链创新生态系统中，各参与方可以共享资源、分享知识、合作研发，有助于形成更加开放、包容的创新环境，吸引更多的创新资源和创新型人才，推动产业链的持续创新发展。

3.2.3 数字赋能产业业态创新

数字经济的发展促使产业新业态不断涌现，催生了更多的新型应用场景，推动产业竞争力和经济效率不断提升。

（1）数字赋能培育产业新业态。

以大数据、云计算、人工智能、物联网等为核心的新一代信息技术的广泛应用，为培育产业新业态提供了强大的技术支撑。首先，大数据技术的应用使企业实时收集、分析和处理数据成为可能，可以使企业更加精准地把握消费者行为和市场需求。企业通过数据挖掘和预测分析，可以精准定位目标客户，优化产品和服务，实现个性化营销。在提高企业市场竞争力的同时，催生了数据分析、数据挖掘、数据交易等数据驱动的新业态。其次，云计算技术的普及为企业提供了弹性、高效的计算资源和服务。通过云计算平台，企业可以灵活配置计算资源，降低IT成本，提高运营效率。云计算进一步强化了企业间的技术协作，推动了产业链上下游企业的深度融合。这一技术变革催生了云计算服务、云存储、云安全等新业态。最后，人工智能技术的发展也为产业新业态的兴起提供了动力。人工智能技术在语音识别、图像识别、自然语言处理等领域取得的突破性进展，使机器能够模拟人类的思维和行为，实现自动化、智能化的决策和执行，为创新了企业的生产方式和服务模式，推动智能制造、智能客服、智能物流等新业态的发展。

数字经济打破了传统产业的边界，促进了不同产业之间的深度融合和跨界合作，不仅拓宽了产业的发展空间，也催生了众多新兴业态。一方面，数字经济推动制造业与服务业深度融合。数字技术推动制造业向智能化、绿色化方向发展，同时也推动了服务业服务质量和服务效率的提升，加速了服务业与制造业融合发展进程，制造业企业开始提供定制化、智能化、全生命周期的服务，并催生了服务型制造、工业互联网、智能制造等新业态。另一方面，数字经济促进了跨界合作和创新。不同行业的企业通过数字平台实现信息共享、资源互补和协同合作，共同开发新产品、拓展新市场。跨界合作不仅拓宽了企业的发展空间，也催生了共享经济、平台经济等新业态。实现了供需双方的精准匹配和高效交易。

数字经济在改变企业生产方式和服务模式的同时，推动了商业模式的创新，为产业新业态的发展提供了市场空间和商业机会。例如，共享经济通过共享资源，实现了资源的最大化利用和成本的最小化，共享单车、共享汽车等交通出行方式的兴起，不仅改变了人们的出行方式，也推动了相关产业的发展，已成为数字经济时代重要的商业模式之一。再比如，平台经济作为数字经济时代另一重要的商业模式，通过搭建数字平台，整合供需双方的资源，实现了信息的快速传播和资源的精准匹配，为企业提供了更广阔的销售渠道和更高效的专业服务。此外，订阅经济、体验经济等新型商业模式也在数字经济时代蓬勃发展。这些商业模式以消费者需求为导向，注重提供个性化、定制化的产品和服务，满足消费者的多样化需求。商业模式的创新不仅提升了企业的市场竞争力，也推动了相关产业新业态的发展。

数字经济通过优化资源配置，提高了产业新业态的运营效率和经济效益。一方面，数字经济使信息的流通更加高效和便捷。通过数字平台，企业可以实时获取市场需求、供应链状况等信息，实现精准决策和快速响应。消费者也可以通过数字平台获取产品和服务的信息，进行比较和选择。信息的高效流动降低了交易成本，提高了运营效率。另一方面，通过数据分析和预测，企业可以更准确地预测市场需求和资源需求，实现资源的精准配置和高效利用，推动资源循环利用和可持续发展，避免资源浪费，提高企业经济效益，推动产业新业态健康发展。

（2）数字赋能催生新应用场景。

从生产端来看，数字技术应用于生产流程中，可以使生产更加智能化和自动化。例如，通过引入智能制造系统，企业可以实时监控生产线的运行状态，收集并分析生产数据，从而精准预测设备故障，提前进行维护，减少停机时间，提高生产效率。同时，数字经济使供应链管理更加数字化和透明化，通过物联网技术，企业可以实时追踪物料和产品的流通情况，了解供应链的实时状态，有助于企业精准预测物料需求，及时调整采购计划，降低库存成本。区块链技术进一步推动了供应链管理变革，基于区块链的去中心化、不可篡改的特性，企业可以建立信任机制，确保供应链中的数据真实可靠，有助于提高供应链的可靠性和稳定性。此外，通过对生产数据的收集、整合和分析，企业可以更加精准地了解生产状况，制定更加科学的决策。例如，企业可以通过数据分析，了解生产线的瓶颈，从而优化生产流程，或者通过市场数据分析，了解消费者的需求变化，从而调整产品策略。另外，通过数字平台，企业可以实现与其他企业、研究机构的协同化生产，共享资源、信息和经验，共同开发新产品、新技术。协同化生产模式有利于打破企业间的壁垒，实现优势互补，提高整个产业的竞争力。

从供应端来看，借助多种数字技术，企业可以实时收集和分析供应链中的各项数据，实现供应链的智能化管理。通过对供应链数据的深度挖掘，企业可以精准预测物料需求、销售趋势以及市场变化，优化库存水平，减少库存积压和浪费，降低运营成本。此外，智能供应链管理系统还可以实现供应链的自动化和协同化。通过自动化设备和机器人等技术，企业可以实现生产线的自动化运行和物料自动配送，提高生产效率和准确性。同时，借助数字平台，企业可以与供应商、物流服务商等合作伙伴实现实时信息共享和协同作业，提升供应链的响应速度和灵活性。另外，数字经济时代使供应链的追溯和质量控制变得更加透明和高效。通过物联网技术，企业可以实时追踪物料和产品从生产到销售的每一个环节，确保产品的质量和安全。借助区块链技术，企业可以建立不可篡改的供应链追溯系统，有助于消费者了解产品的来源和制作过程，增强消费信心，提升品牌形象。

从销售端来看，数字经济催生的电商平台，使企业可以直接面向消费者，打通销售渠道，实现更广泛的销售覆盖。电商平台利用大数据和人工智能技术进行用户行为分析，实现个性化推荐和精准营销，提高销售转化率和用户满意度。直播带货和社交电商是数字经济在销售端催生的另一重要应用场景。主播通过直播平台实时展示产品，与观众进行互动，解答疑问，引发消费者的购买欲望。这一消费场景不仅增强了消费者的购买体验，也为企业提供了全新的销售渠道。社交电商利用社交媒体平台的用户基础和社交属性，通过分享、推荐等方式促成商品销售，实现社交与购物的无缝对接。此外，数字技术的发展还催生出无人零售店、智能售货机等新应用场景，通过应用物联网、人工智能等技术，实现24小时不间断营业，为消费者提供更加便捷的购物体验。

3.3 本章小结

本章基于共生理论，构建了数字经济与产业融合共生系统，对数字赋能产业高质量发展的机理进行分析。数字经济与产业融合共生系统由融合共生主体、融合共生模式以及融合共生环境共同组成，其中，融合共生主体是数字经济和产业，融合共生模式即数字经济与产业相互作用的方式，融合共生环境是数字经济与产业融合共生系统外部所有因素的总和。根据共生理论中对融合共生阶段进行划分，可以将其划分为依存、单边利益共生、差异化融合共生以及融合互惠共生四个阶段。对数字经济与产业融合共生系统主体、模式、环境以及阶段特征的认识，为进一步分析数字经济赋能产业高质量发展奠定理论基础。

数字经济主要通过数字技术、数字平台、数据要素等对产业高质量发展产生影响。从数字经济赋能要素效率提升、产业链重塑以及产业业态创新三个方面对数字经济赋能产业高质量发展的机理进行分析。具体而言，数字经济可以提高劳动力、技术以及资本要素的利用率；通过促进产业链价值增值、供需匹配、空间整合和创新升级，赋能产业链重塑；通过培育新业态、催生新应用场景，赋能产业业态创新。

第 4 章

成渝地区双城经济圈数字经济与产业发展现状分析

分析与描述数字经济与产业发展特征，是探究成渝地区双城经济圈数字经济与产业融合共生发展的基础。本章主要从数字基础设施、数字产业发展、数字发展支撑，以及发展规模、发展结构、发展效率等方面分别对成渝地区双城经济圈数字经济及服务业、制造业的发展现状进行分析。

4.1 成渝地区双城经济圈数字经济发展概况

2021 年中共中央印发了《成渝地区双城经济圈建设规划纲要》，明确指出成渝地区双城经济圈的建设工作必须紧紧把握全球新一轮科技革命与产业链重塑的历史性机遇。应大力发展数字经济，以数字技术为引擎，推进数字产业化和产业数字化进程，使数字经济成为引领区域经济发展的新动力。同时，推动数字经济与实体经济深度融合发展，通过数字技术的广泛应用和深度渗透，提升实体经济的智能化、网络化、服务化水平，实现数字经济与实体经济的良性互动与协同发展。这不仅有助于成渝地区双城经济圈在全球竞争中抢占先机，也将为区域经济的高质量发展注入新的活力与动能。

根据《中国数字经济发展白皮书（2023 年）》，2022 年四川省数字经济总量持续壮大，核心产业增加值为 4324 亿元，充分展现了数字经济在推动四川省经济发展中的重要作用。重庆市数字经济发展也呈现出强劲增长势头，核心产业增加值为2240.6亿元。从结构占比来看，四川省和重庆市数字经济在各自地区GDP中均占据了重要地位，占比均在40%左右。在中国城市数字经济排名榜中，成都、重庆均位居前十，不仅反映了数字经济在两地区经济体系中的核心地位，也凸显了数字经济对于推动区域经济增长的关键作用。与此同时，数字技术与实体经济深度融合，数字技术全面赋能城市治理，数字经济发展生态加速构建，数字产业化和产业数字化加快推进，数字经济发展成效显著。主要从数字基础设施、数字产业发展及数字发展支撑三个方面对成渝地区双城经济圈数字经济发展概况进行分析。

4.1.1 数字基础设施

数字基础设施是数字经济发展的基础，数字基础设施的建设与升级，对于促进传统经济数字化转型、提高生产效率和促进社会信息化发展至关重要，是实现数字经济发展和创新的重要基石。选取互联网宽带接入用户数、移动电话用户数反映成渝地区双城经济圈数字基础设施现状。互联网宽带接入用户数是衡量一个地区网络普及程度和数字化发展水平的重要指标。随着互联网技术的不断发展，宽带网络已成为人们获取信息、交流思想、开展业务的主要渠道。因此，互联网宽带接入用户数的多少直接反映了成渝地区双城经济圈在数字化建设方面的进展和成效，通过这一指标，可以大致判断一个地区居民对于数字化服务的接受程度和使用情况，进而评估数字基础设施的覆盖范围和普及程度。移动电话用户数是反映地区通信基础设施建设水平的重要数据。随着移动通信技术的快速发展，手机已成为人们日常生活中不可或缺的通信工具，移动电话用户数的增长不仅体现了通信服务的普及程度，也反映了通信基础设施建设的完善程度。通过这一指标，可以了解成渝地区双城经济圈在移动通信领域的建设成果，以及居民对于移动通信服务的依赖程度。

2011~2022年，成渝地区双城经济圈移动电话用户数和互联网宽带接入用户数逐年增长，数字基础设施不断完善。具体而言，成渝地区双城经济圈移动电话用户数从2011年的7340.24万户增长到2022年的12948.66万户，增长了1.76倍，年均增长率为5.30%。从增长速度来看，成渝地区双城经济圈移动电话用户增长速度整体呈现放缓趋势，具体而言，2012～2014 年，移动电话用户增速从 8.95% 下降至 3.38%，在 2015～2017 年移动电话用户增长速度逐步回升，由 3.47% 提升至 10.70%，之后逐步下降，在 2019 年出现负增长，增速为 -2.19%，之后逐渐恢复，由 2020 年的 2.30% 上升到 2022 年的 4.77%。成渝地区双城经济圈互联网宽带接入用户数由 2011 年的 887.46 户增长到 2022 年的 5617.73 万户，增长了 6.33 倍，年均增长率达 18.26%①。从增长速度来看，成渝地区双城经济圈互联网宽带接入用户数增长速度整体也呈现出放缓趋势，具体而言，增速由 2012 年的 32.62% 下降至 2013 年的 7.14%，之后逐步回升至 2015 年的 34.28%，2016～2020 年，互联网宽带接入用户数增速逐年下降，由 2016 年的 25.63% 不断下降至 2020 年的 8.6%，之后提升至 2022 年的 12.67%。可以看出，成渝地区双城经济圈移动电话用户数和互联网宽带接入用户数不断增加，数字基础设施不断完善。数字基础设施的发展对于产业创新、升级和转型具有积极的推动作用，图 4.1 展示了成渝地区双城经济圈数字基础设施发展情况。

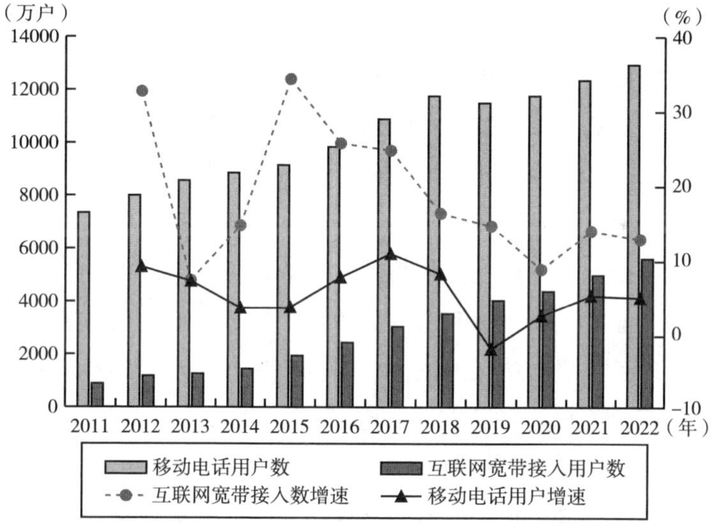

图 4.1　成渝地区双城经济圈数字基础设施发展情况

① 依据 2021 年国务院印发的《成渝地区双城经济圈建设规划纲要》，参考陈子曦、青梅、杨玉琴等的研究方法，确定本研究空间范畴。本研究中，成渝地区双城经济圈具体包括重庆、成都、自贡、绵阳、泸州、乐山、宜宾、遂宁、南充、达州、眉山、资阳、广安、内江、德阳及雅安共 16 个地级及以上城市，成渝地区双城经济圈相关数据，由城市数据加总而得。

4.1.2 数字产业发展

数字产业规模是数字经济发展水平的具体表现。2022 年，成都数字经济核心产业增加值为 2779.51 亿元，占全市地区生产总值的比重为 13.4%，占全省数字经济核心产业增加值的比重为 64.3%。数字产品制造业、数字产品服务业、数字技术应用业、数字要素驱动业四大类业态增加值均实现同比增长，数字技术应用业增加值占数字经济核心产业增加值的比重为 56.5%，对数字经济核心产业增加值增长的贡献率达 73.8%，成为拉动成都数字经济核心产业发展的主要动力。2019～2022 年，重庆市数字经济增速均超过 15%，2022 年数字经济核心产业增加值为 2240.6 亿元，占全市地区生产总值的比重为 42%，综合评价位居全国第 12，已成为重庆经济高质量发展的新引擎。

选取信息技术服务业从业人员、电信业务收入衡量成渝地区双城经济圈数字产业发展水平。信息技术服务业从业人员掌握着先进的技术知识和技能，是数字产业发展的核心力量，也是推动数字产业创新发展的重要动力。通过分析信息技术服务业从业人员的数量、结构以及变化趋势，可以深入了解数字产业的劳动力资源和人才结构，评估成渝地区双城经济圈在数字产业人才方面的优势和不足，为制定人才发展战略提供科学依据。电信业务收入是衡量数字产业经济效益的重要指标。电信业务作为数字产业的重要组成部分，其收入规模直接反映了数字产业的发展水平和市场竞争力，通过分析电信业务收入的规模和增长速度，可以了解成渝地区双城经济圈在数字产业领域的经济效益和发展潜力，为制定产业发展政策提供决策支持。

图 4.2 和图 4.3 展示了成渝地区双城经济圈 2011～2022 年数字产业的发展情况。可以看出，成渝地区双城经济圈信息技术服务业从业人数和电信业务收入整体均呈现增长态势，但增长速度均呈现波动下降趋势。成渝地区双城经济圈信息技术服务业从业人员从 2011 年的 40.88 万人增加到 2022 年的 111.36 万人，增长了 2.72 倍，年均增长率为 9.54%。从增长速度来看，2012～2017 年，信息技术服务业从业人员增速波动较大，并在 2016 年出现了负增长；2018～2022 年增速较为平稳，且总体呈现加速增长趋势。具体而言，2011～

2015 年，信息技术服务业从业人员从 40.88 万人增加至 87.29 万人，增速由 2012 年的 7.02% 提升至 42.24%，呈现较大幅度增长。2016 年，信息技术服务业从业人员减少到 83.75 万人，出现负增长，之后，信息技术服务业从业人员呈现平稳增长趋势，由 2017 年的 93.69 万人逐渐增加到 2022 年的 111.36 万人。图 4.2 展示了成渝地区双城经济圈信息技术服务业从业人员变化情况。

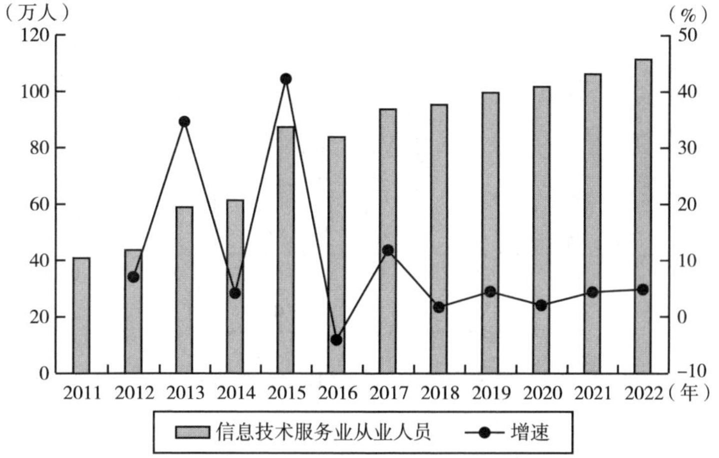

图 4.2　成渝地区双城经济圈信息技术服务业从业人员情况

成渝地区双城经济圈电信业务收入由 2011 年的 544.85 亿元增长到 2022 年的 1002.20 亿元，增长了 1.84 倍，年均增长率为 5.70%，增长速度总体呈现波动下降趋势，部分年份出现了负增长。具体而言，成渝地区双城经济圈电信业务收入增速在 2013 年（−11.72%）、2016 年（−18.71%）、2019 年（−6.8%）、2021 年（−7.93%）四年出现了负增长。2011 ~ 2012 年，电信业务收入从 544.85 亿元上升至 758.24 亿元，增长了 1.39 倍，2013 年下降为 669.42 亿元；2014 ~ 2015 年，电信业务收入逐步增加，从 2014 年的 834.21 亿元增加到 2015 年的 898.62 亿元，增加了 1.08 倍，2016 年电信业务收入再次出现下降，减少为 730.46 亿元；2017 ~ 2018 年，电信业务收入逐步增加，由 2017 年的 817.14 亿元增加到 2018 年的 913.39 亿元，增加了 1.12 倍，2019 年电信业务收入再次下降，减少为 851.26 亿元；之后，电信业务收入呈现“上升—下降—上升”变化态势，电信业务收入总体上由 2020 年的 973.61 亿元增加到 2022 年的 1002.19 亿元，增长了 1.03 倍。综上可见，成渝地区双城经济圈电信业务收入总体呈现增长趋势，但增速波动较大。图 4.3 展示了成渝地区双城经济圈电信业务收入具体变化情况。

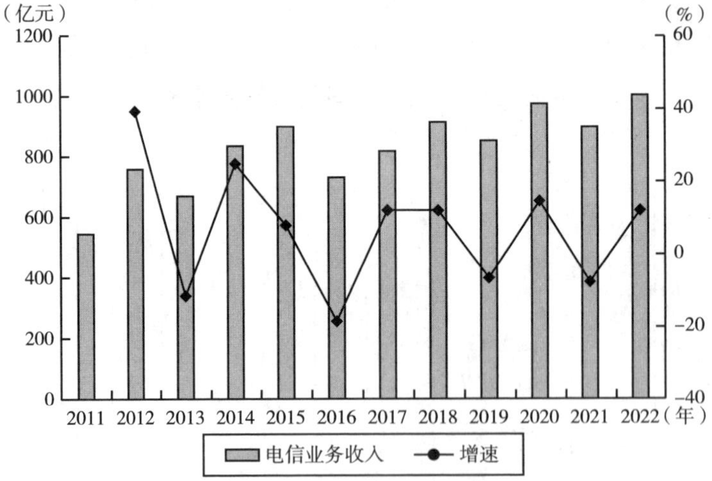

图 4.3　成渝地区双城经济圈电信业务收入情况

4.1.3　数字发展支撑

数字发展支撑情况反映了成渝地区双城经济圈对数字经济发展的重视程度，为评估该区域数字经济发展潜力和制定相应战略提供了参考依据。选取在校大学生数、教育经费支出占地方财政一般预算支出比重、科学技术支出占地方财政一般预算支出比重、专利申请授权数反映成渝地区双城经济圈数字经济发展支撑情况。在校大学生数是衡量一个地区数字经济人才储备和创新能力的重要指标。数字经济作为知识密集型产业，对人才的需求尤为迫切，在校大学生作为未来数字经济发展的主力军，其数量和结构直接关系到数字经济的持续发展。教育经费支出占地方财政一般预算支出比重反映了一个地区对教育事业的投入程度，教育是提高人才素质和创新能力的基础，对于数字经济的发展具有至关重要的作用。科学技术支出占地方财政一般预算支出比重是衡量一个地区科技投入水平的重要指标。数字经济的发展离不开科技创新的支持，而科技投入是推动科技创新的关键因素。专利申请授权数是衡量一个地区创新能力和创新成果的重要指标，数字经济作为以创新为核心的经济形态，其发展水平与地区的创新能力密切相关。

从图 4.4 ~ 图 4.6 可以看出，成渝地区双城经济圈在校大学生数、专利申请授权数、教育经费支出和科学技术支出均呈现逐年增加趋势。成渝地区双城经济圈教育经费支出从 2011 年的 782.69 亿元增长到 2022 年的 2165.22 亿元，增长了 2.77 倍，年均增长率为 9.69%，其占地方财政一般预算支出比重不断提升，占比由 2011 年的 14.19% 增加到 2022 年的 16.07%。从增长速度来看，2012 ~ 2017 年，成渝地区双城经济圈教育经费增长速度波动较大，2012 年教育经费支出增速最快，达到 45.05%，2013 年教育经费支出增速最低，仅为 0.60%，2018 年后教育经费支出增速相对平稳，保持在 7% 左右。

成渝地区双城经济圈的科学技术支出由 2011 年的 55.05 亿元增长到 2022 年的 318.74 亿元，增长了 5.79 倍，年均增长率为 17.31%，占地方财政一般预算支出比重不断提升，由 2011 年的 1.00% 上升到 2022 年的 2.19%。从增长速度来看，成渝地区双城经济圈科学技术支出增速有所减缓，由 2012 年的 28.75% 下降为 2022 年的 16.11%。相比而言，成渝地区双城经济圈教育经费支出占地方财政一般预算支出的比重高于科学技术支出占比，但科学技术支出增速快于教育经费支出。图 4.4 具体展示了成渝地区双城经济圈教育经费支出和科学技术支出的总量、增速及占比变化情况。

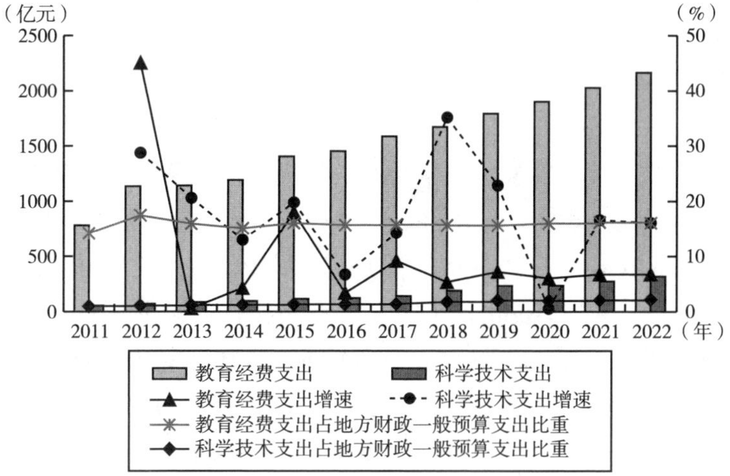

图 4.4　成渝地区双城经济圈教育经费及科学技术支出情况

图 4.5 呈现了成渝地区双城经济圈在校大学生人数的具体变化情况。成渝地区双城经济圈在校大学生数由 2011 年的 169.9 万人增长到 2022 年的 310.69 万人，增长了 1.83 倍，年均增长率为 5.64%。具体而言，2011～2018 年，成渝地区双城经济圈在校大学生人数由 169.90 万人增加到 230.43 万人，增长了 1.36 倍，增长速度有所放缓，增速由 2012 年的 8.11% 下降至 2018 年的 3.64%；2019～2022 年，在校大学生人数由 259.55 万人增加至 310.69 万人，但增速波动较大。

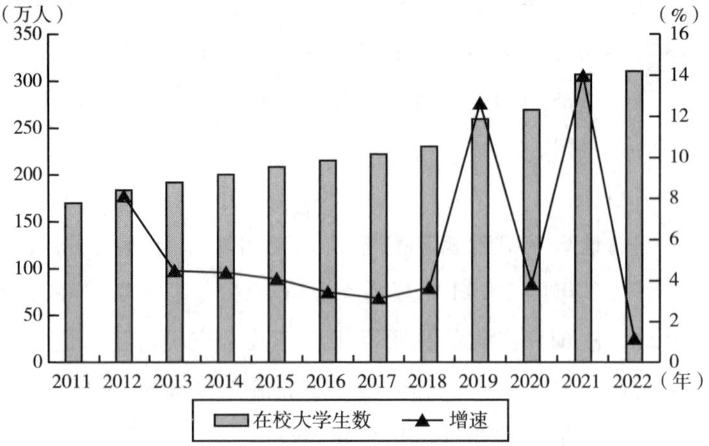

图 4.5　成渝地区双城经济圈在校大学生情况

成渝地区双城经济圈的专利申请授权数由 2011 年的 4.27 万件增长到 2022 年的 21.92 万件，增长了 5.13 倍，年均增长率为 16.03%。从增长速度来看，成渝地区双城经济圈专利授权数增长速度波动较大，总体呈现波动上升趋势，在 2017 年和 2019 年出现了负增长。具体而言，2011～2016 年，成渝地区双城经济圈专利授权数由 4.27 万件增加至 10.21 万件，增长了 2.40 倍，增长速度波动较大，呈现"M"形变化；2017 年，专利授权数减少为 9.57 万件，出现负增长；2018 年专利授权数增加至 12.93 万件，但在 2019 年下降为 12.22 万件；之后，专利授权数不断增加，由 2020 年的 15.88 万件增加至 2022 年的 21.92 万件，但增长速度不断放缓。图 4.6 展示了成渝地区双城经济圈专利授权数的具体变化情况。

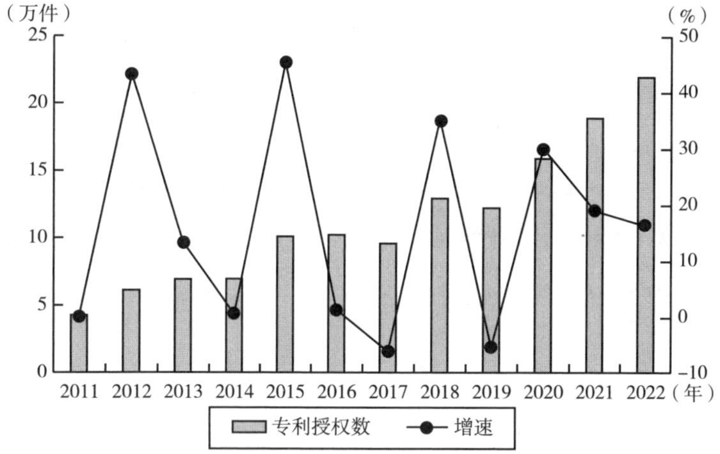

图 4.6 成渝地区双城经济圈专利授权数情况

4.2 成渝地区双城经济圈服务业发展概况

近年来，成渝地区双城经济圈服务业规模不断扩大，在区域经济发展中的核心地位逐渐凸显。2011～2022 年，成渝地区双城经济圈服务业增加值由 10888.17 亿元上升至 42193.5 亿元，增长了 3.88 倍，占地区生产总值的比重不断提升，为成渝地区双城经济圈经济高质量发展注入了强劲动力。从发展规模、发展结构和发展效率三个维度对成渝地区双城经济圈服务业发展情况进行分析。

4.2.1 发展规模

(1) 产出规模。

产出规模从产出角度反映了服务业发展现状，选取服务业增加值反映成渝地区双城经济圈服务业的产出情况。服务业增加值可以全面、准确地衡量服务业的经济活动成果，体现服务业在经济增长中的贡献。

图 4.7 展示了成渝地区双城经济圈服务业产出的具体情况。可以看出，总

体而言，成渝地区双城经济圈服务业产出规模不断扩大，但增长速度呈现波动下降趋势。具体而言，成渝地区双城经济圈服务业增加值由 2011 年的 10888.17 亿元增长到 2022 年的 42193.5 亿元，增长了 3.88 倍，年均增长率为 13.10%。从增长速度来看，成渝地区双城经济圈服务业增加值增长速度由 2012 年的 18.15% 下降至 2015 年的 10.31%，之后不断上升至 2017 年的 18.28%。2018 年后，服务业增加值增长速度放缓，由 2018 年的 15.24% 波动下降至 2022 年的 3.38%。

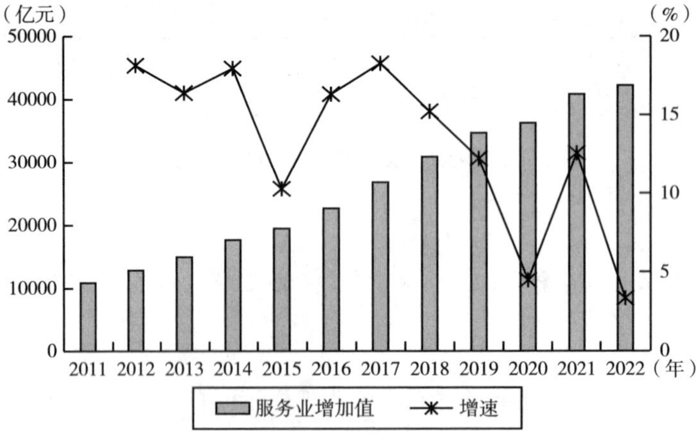

图 4.7　成渝地区双城经济圈服务业产出情况

（2）投入规模。

投入规模从投入角度反映了服务业发展现状，选取服务业从业人员数和固定资产投资额两个指标，从人力和物力两个方面衡量成渝地区双城经济圈服务业的资源投入情况。服务业从业人员数直接反映了该产业的人力资源配置情况，固定资产投资额则代表了服务业在物力资源方面的投入力度，反映了成渝地区双城经济圈服务业在基础设施建设、技术更新和设备升级等方面的投入情况，可以评估服务业的发展潜力与可持续性。图 4.8 展示了成渝地区双城经济圈 2011～2022 年服务业从业人员总体情况。可以看出，2011～2022 年，成渝地区双城经济圈服务业从业人员不断增加，从业人员数由 2011 年的 1830.39 万人增长到 2022 年的 2803.94 万人，增长了 1.53 倍，年均增长率为 3.95%。其中，2011～2019 年，服务业从业人员增长较为平缓，由 2011 年的 1830.39

万人增加到2019年的2387.15万人，增长了1.30倍，但增长速度有所放缓，增速由2012年的6.04%下降为2019年的2.39%。2020年，服务业从业人员数大幅提升，从业人员增加为2709.8万人，增速为13.52%，之后，服务业从业人员数平稳增加，由2021年的2715.18万人增加至2022年的2803.94万人。

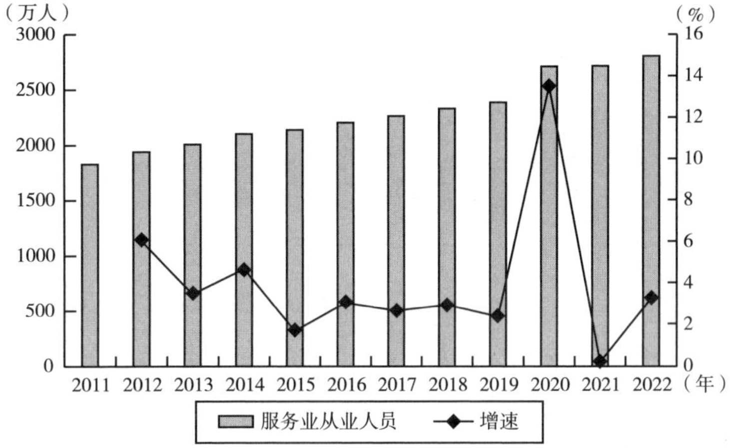

图4.8　成渝地区双城经济圈服务业从业人员总体情况

为了进一步分析成渝地区双城经济圈服务业发展结构的变化趋势，参考梁培培和崔世鹏等（2022）的划分方法，选取现代物流业，信息传输、软件和信息技术服务业，金融业，房地产业，租赁和商务服务业，科学研究和技术服务业六个行业为现代服务业，将住宿餐饮业，批发零售业，水利、环境和公共设施管理业，教育，卫生和社会工作，文化、体育与娱乐业，公共管理、社会保障和社会组织等其他服务业统归为传统服务业①。现代服务业具有高技术含量、高附加值的特点，对于推动经济转型升级、提升产业竞争力具有重要作用，而传统服务业是保障民生、稳定就业的重要力量，通过比较分析，可以进一步了解成渝地区双城经济圈服务业发展的结构特征。表4.1展示了成渝地区双城经济圈服务业各行业从业人员的具体情况，可以看出，现代服务业中的现代物流业从业人员数量较多，占现代服务业从业人员的比重最大，但是现代物

① 由于目前中国行业划分标准尚未对现代物流业进行明确界定，并且缺少相关统计数据，因此选取与现代物流业较为接近的交通运输、仓储和邮政业近似代替，下同。

表 4.1　成渝地区双城经济圈服务业各行业从业人员具体情况

单位：万人

年份	服务业	其中								
		现代服务业						传统服务业		
		现代物流业	信息传输、软件和信息技术服务业	金融业	租赁与商务服务业	科学研究与技术服务业	房地产业	住宿餐饮业	批发零售业	其他服务业[a]
2011	1830.39	175.59	30.31	33.04	54.25	16.18	43.75	272.83	368.55	835.89
2012	1940.99	164.93	31.41	36.10	68.68	18.05	49.40	403.81	226.85	941.76
2013	2008.80	174.13	44.07	37.06	77.59	21.88	58.85	430.35	213.53	951.34
2014	2103.36	187.76	46.63	39.93	88.96	24.41	67.58	417.61	220.33	1010.15
2015	2139.18	169.64	70.98	43.41	83.01	27.89	68.93	394.08	245.25	1035.99
2016	2204.88	156.08	66.11	48.67	71.74	28.05	72.89	412.94	279.05	1069.35
2017	2264.13	177.25	74.80	50.96	75.01	29.51	78.60	420.90	255.93	1101.17
2018	2331.32	176.20	75.11	54.85	81.43	46.28	83.22	433.52	259.38	1121.33
2019	2387.15	171.73	76.35	57.03	101.04	31.06	89.32	441.32	267.85	1151.45
2020	2709.80	175.24	78.61	59.98	106.17	31.70	95.45	439.18	267.68	1455.79
2021	2715.18	173.23	81.35	54.97	114.23	32.78	98.82	435.81	268.97	1455.02
2022	2622.37	170.59	83.48	53.84	119.86	33.78	100.76	427.29	267.18	1365.59

注：a. 传统服务业中的其他服务业主要包括水利、环境和公共设施管理业，教育业，卫生和社会工作，文化、体育与娱乐业，公共管理、社会保障和社会组织等服务行业。

流业从业人员数量呈现明显下降趋势，从业人员数由 2011 年的 175.59 万人减少到 2022 年的 170.59 万人。与此同时，信息传输、软件和信息技术服务业，金融业，租赁和商务服务业，科学研究和技术服务业，以及房地产业从业人员均呈现出明显的增长趋势，年均增长率分别为 9.65%、4.54%、7.47%、6.92%、7.88%，可以发现，观测期内信息传输、软件和信息技术服务业从业人员增长速度最快，从业人员数由 2011 年的 30.31 万人增加到 2022 年的 83.48 万人，增长了 2.76 倍，反映了成渝地区双城经济圈信息技术领域的快速发展以及对于人才的吸引力。

图 4.9 展示了成渝地区双城经济圈现代服务业与传统服务业从业人员情况。2011～2022 年，成渝地区双城经济圈现代服务业从业人员数量总体呈现增长态势，由 2011 年的 353.12 万人增长到 2022 年的 562.31 万人，增长了 1.59 倍，年均增长率为 4.32%。具体来看，成渝地区双城经济圈现代服务业从业人员数量在 2011～2014 年增速较快，平均增速为 8.84%，从业人员数量从 353.12 万人上升到 455.27 万人，增长了 1.29 倍；2014～2016 年，现代服务业从业人员数量增速放缓，在 2016 年出现了负增长，从业人员数量由 2014 年的 455.27 万人减少到 2016 年的 443.54 万人，减少了 11.73 万人；2017 年，现代服务业从业人员数量大幅增加，达到 486.13 万人，增速为 9.60%；2018～2022 年，现代服务业从业人员数量增速不断放缓，期间平均增长率为 2.12%，从业人员数量由 2018 年的 517.09 万人增长到 2022 年的 562.31 万人。与此同时，成渝地区双城经济圈传统服务业从业人员数量由 2011 年的 1477.27 万人增长至 2022 年的 2060.06 万人，增长了 1.39 倍，年均增长率为 3.07%。具体而言，传统服务业从业人员数量呈现先增加再减少的变化趋势，2011～2020 年，传统服务业从业人员数量不断增加，由 2011 年的 1477.27 万人增长至 2020 年的 2162.65 万人，年均增长率为 4.33%，之后传统服务业从业人员数量不断下降，2021 年下降为 2159.8 万人，2022 年进一步下降为 2060.06 万人。

可以发现，近年来成渝地区双城经济圈现代服务业从业人员数量不断增加，而传统服务业从业人员数量则开始出现下降趋势。现代服务业的发展，标志着服务业开始向知识密集型和技术密集型产业发展转型，是经济高质量发展的重要体现。传统服务业从业人员数量的下降，意味着劳动密集型产业逐渐让位于更高效、更创新的产业形态。这一变化趋势不仅体现了成渝地区双城经济圈经济发展的活力与潜力，也反映了产业结构调整和劳动力转移的现代化进程。需要注意的是，虽然近年来成渝地区双城经济圈现代服务业从业人员数量不断增加，但总体而言现代服务业从业人员数量仍然较少，且增长速度有所放缓，专业人才相对短缺。因此，应进一步加大成渝地区双城经济圈现代服务业发展力度，推动产业结构持续优化，有助于实现成渝地区双城经济圈经济的高质量发展。

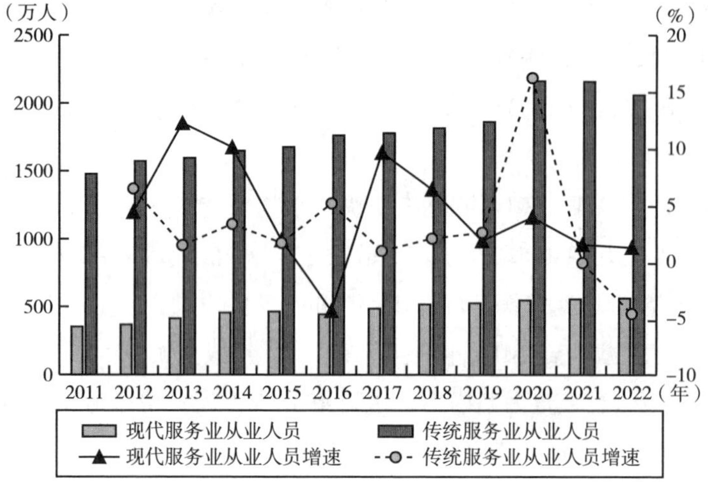

图 4.9　成渝地区双城经济圈现代服务业与传统服务业从业人员情况

图 4.10 展示了成渝地区双城经济圈服务业固定资产投资情况。2011～2022 年，成渝地区双城经济圈服务业固定资产投资规模不断扩大，固定资产投资额由 2011 年的 12439.78 亿元增长到 2022 年的 40230.24 亿元，增长了 3.23 倍，年均增长率为 11.26%，增长速度呈现先下降再上升的变化趋势。具体而言，2011～2017 年，服务业固定资产投资逐年递增，但增长速度逐渐放缓，服务业固定资产投资额由 2011 年的 12439.78 亿元上升为 2017 年的 29341.54 亿元，增长了 2.36 倍，平均增长率为 15.38%；2018 年服务业固定资产投资出现了负增长，固定资产投资减少为 28812.19 亿元；2019～2022 年，服务业固定资产投资额不断增加，且增长速度不断加快，固定资产投资额由

2019 年的 31166.32 亿元增长到 2022 年的 40230.24 亿元，增长了 1.29 倍，平均增长率为 8.88%。

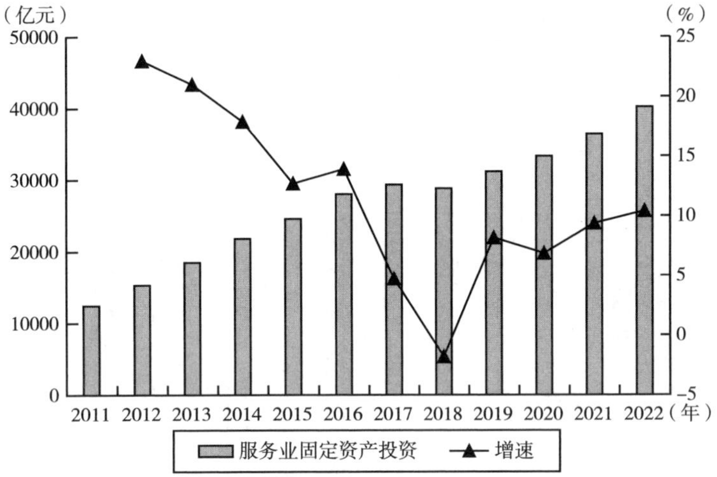

图 4.10 成渝地区双城经济圈服务业固定资产投资情况

4.2.2 发展结构

(1) 规模结构。

选取服务业增加值占地区生产总值的比重衡量成渝地区双城经济圈服务业发展规模结构。该指标能够较为直观地反映服务业在区域经济增长中的贡献程度，体现服务业发展的重要性及发展潜力。

图 4.11 展示了成渝地区双城经济圈服务业规模结构情况。可以看出，2011～2022 年，成渝地区双城经济圈服务业增加值占地区生产总值的比重总体呈现增长态势，占比由 2011 年的 38.04% 提升至 2022 年的 52.87%，对区域经济增长的贡献不断提升。其中，2011～2019 年，服务业增加值占地区生产总值的比重提升明显，由 2011 年的 38.04% 不断上升至 2019 年的 53.36%；2019～2022 年，服务业占地区生产总值的比重相对平稳，略有下降，占比由 2019 年的 53.36% 波动下降为 2022 年的 52.87%。总体而言，服务业在成渝地区双城经济圈经济发展中的重要性日益凸显，成为推动成渝地区双城经济圈经济增长的重要引擎。然而，需要注意的是，相比于长三角

等地区，成渝地区双城经济圈服务业发展仍存在一定差距。长三角地区服务业占地区生产总值的比重在 2017 年已超过 50%，服务业发展势头强劲，相比而言，成渝地区双城经济圈服务业发展尚处于相对滞后的状态，这既是成渝地区双城经济圈经济发展的现实挑战，也预示着服务业发展的巨大潜力与广阔空间。

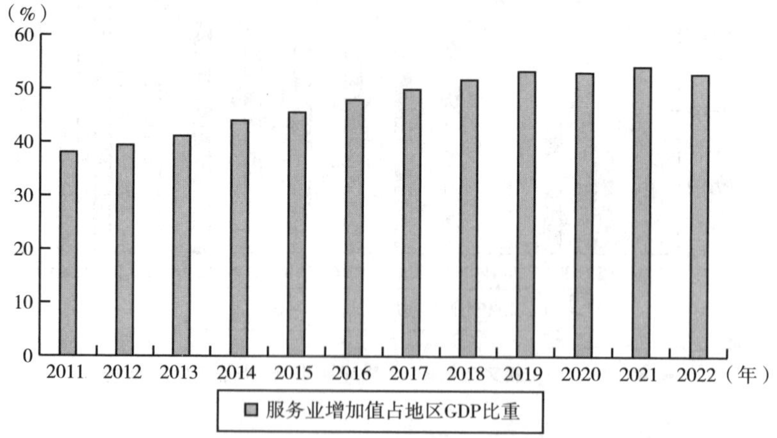

图 4.11　成渝地区双城经济圈服务业规模结构情况

图 4.12 展示了成渝地区双城经济圈服务业从业人员结构情况。2011 ~ 2022 年，成渝地区双城经济圈服务业从业人员占社会从业人员的比重不断增加，占比由 2011 年的 33.75% 上升为 2022 年的 51.52%。其中，2011 ~ 2019 年，服务业从业人员占社会从业人员比重增长较为平稳，由 2011 年的 33.75% 增长到 2019 年的 41.83%；2019 ~ 2022 年，服务业从业人员占社会从业人员比重显著上升，占比由 2019 年的 41.83% 上升至 2022 年的 51.52%。服务业的快速发展，不仅反映了区域经济的多元化和现代化进程，也体现了劳动力市场的动态调整与优化，这一趋势表明成渝地区双城经济圈正逐步从工业经济向服务型经济转变，对于提升成渝地区双城经济圈经济发展的整体竞争力具有重要意义。

图 4.12 进一步展示了成渝地区双城经济圈传统服务业和现代服务业从业人员占服务业从业人员的比重情况。可以发现，成渝地区双城经济圈服务业从业人员仍以传统行业为主，传统服务业从业人员占服务业从业人员比重始终保

持在75%以上，但占比呈现波动下降趋势，由2011年的80.71%下降为2022年的78.56%。相比而言，现代服务业从业人员占服务业从业人员比重较小，基本保持在20%左右，但整体呈现波动上升态势，占比由2011年的19.29%逐步提升至2022年的21.44%。总体而言，成渝地区双城经济圈服务业就业人员主要集中于传统服务业，现代服务业发展仍待加强，服务创新能力和市场竞争力仍待提升。因此，成渝地区双城经济圈应在巩固传统服务业优势的基础上，加大对现代服务业的培育和支持力度，推动服务业结构优化和转型升级。

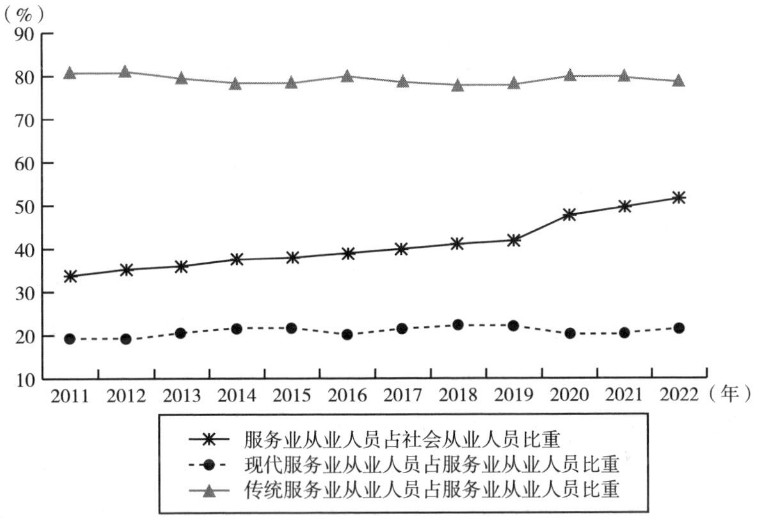

图4.12　成渝地区双城经济圈服务业从业人员结构情况

图4.13展示了成渝地区双城经济圈服务业固定资产投资占全社会固定资产投资总额的比重情况。2011～2022年，成渝地区双城经济圈服务业固定资产投资占全社会固定资产投资总额的比重呈现波动上升的变化趋势，占比由2011年的61.46%上升至2022年的66.00%。具体来看，2011～2018年，服务业固定资产投资占全社会固定资产投资的比重由2011年的61.46%逐步上升到2018年的67.65%，之后服务业固定资产投资占比不断下降，由2018年的67.65%逐渐下降至2021年的65.85%，2022年服务业固定资产投资占比略有上升，占比为66.00%。

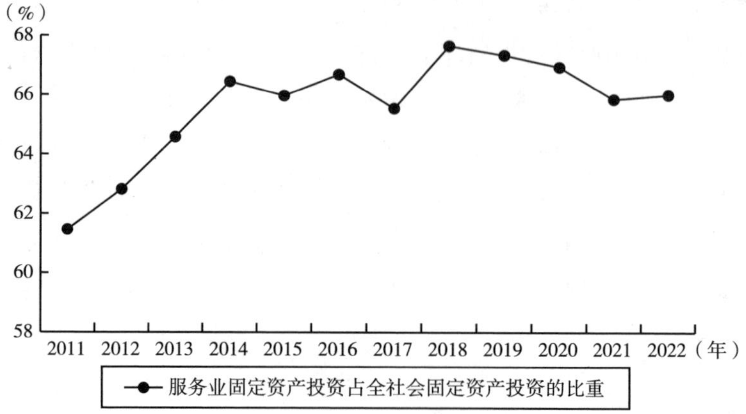

图 4.13　成渝地区双城经济圈服务业固定资产投资占比情况

（2）人员结构。

对从业人员结构的分析可以了解服务业内部各行业人力资源的分布情况，也可以反映服务业各行业对社会劳动力的吸纳情况。图 4.14 展示了成渝地区双城经济圈服务业各行业从业人员占比情况。可以看出，成渝地区双城经济圈服务业从业人员中，住宿餐饮业从业人员占比最高，始终保持在 15% 以上，其次为批发零售业，占比在 10% 左右，第三为现代物流业，占比在 8% 左右。同时可以发现，住宿餐饮业从业人员占比呈现先上升再下降的变化趋势，占比由 2011 年的 14.91% 上升至 2013 年的 21.42%，之后逐渐下降至 2022 年的 16.29%；批发零售业、现代物流业从业人员占比均呈现不同程度的下降趋势，占服务业就业人员的比重分别由 2011 年的 20.14%、9.59% 下降至 2022 年的 10.19%、6.51%。相比而言，成渝地区双城经济圈信息传输、软件和信息技术服务业，金融业，租赁与商务服务业，科学研究与技术服务业，以及房地产业从业人员占比则均呈现不同程度的上升。具体来看，信息传输、软件和信息技术服务业，金融业，租赁与商务服务业，科学研究与技术服务业，以及房地产业从业人员占比分别由 2011 年的 1.66%、1.81%、2.96%、0.88%、2.39% 上升至 2022 年的 3.18%、2.05%、4.57%、1.29%、3.84%，分别上升了 1.52、0.24、1.61、0.41、1.45 个百分点，可以发现，观测期内成渝地区双城经济圈租赁与商务服务业，以及信息传输、软件和信息技术服务业从业人员占比上升幅度较大。从业人员占比的变化再次反映了成渝地区双城经济圈服务业逐渐向高质量发展方向转变的趋势。

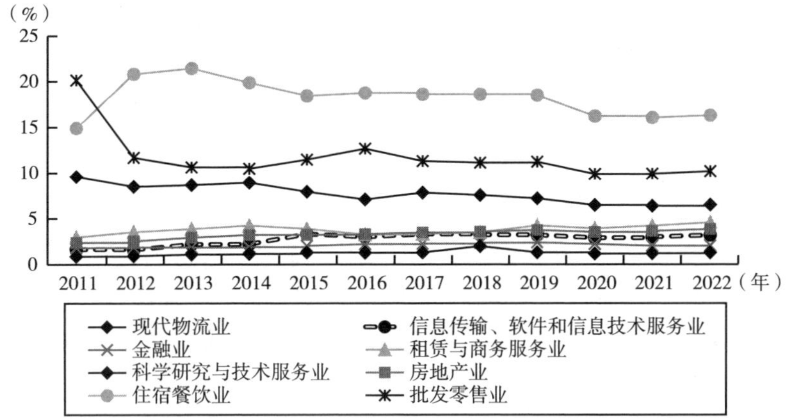

图 4.14　成渝地区双城经济圈服务业各行业从业人员占比情况

4.2.3　发展效率

(1) 劳动效率。

选取劳动生产率指标对成渝地区双城经济圈服务业的劳动效率进行分析。劳动生产率反映了人均实现服务业增加值情况，从增加值角度衡量成渝地区双城经济圈服务业从业人员效率的高低。为了剔除价格因素的影响，在计算劳动生产率时，以 2011 年为基期，采用第三产业增加值指数对服务业增加值进行平减处理，得到以 2011 年不变价格计算的服务业增加值。如图 4.15 所示，2011～2022 年，成渝地区双城经济圈服务业从业人员人均实现增加值呈现波动上升趋势。具体而言，成渝地区双城经济圈服务业从业人员人均实现增加值的变化可以大致划分为三个阶段：第一阶段为 2011～2014 年，人均实现产业增加值由 2011 年的 5.95 万元上升至 2014 年的 6.33 万元；第二阶段为 2015～2019 年，人均实现产业增加值由 2015 年的 6.22 万元上升至 2019 年的 6.99 万元；第三阶段为 2020～2022 年，人均实现产业增加值由 2020 年的 6.22 万元上升到 2022 年的 6.72 万元。

(2) 资本效率。

选择亿元固定资产投资实现增加值对服务业的资本效率进行分析。该指标反映了成渝地区双城经济圈服务业固定资产投资效率，服务业增加值和固定资产投资额以 2011 年为基期，分别采用第三产业增加值指数、固定资产投资价格指数进行平减处理，得到以 2011 年不变价格计算的服务业增加值和固定资产投资额，以剔除价格因素影响。从图 4.15 可以看出，成渝地区双城经济圈服务业固定资产投资效率呈现波动下降趋势，亿元固定资产投资实现增加值由 2011 年的 0.875 亿元下降为 2022 年的 0.537 亿元。具体来看，服务业固定资产投资效率的变化可以划分为三个阶段：第一阶段为 2011 ~ 2016 年，亿元固定资产投资实现增加值由 2011 年的 0.875 亿元逐步下降至 2016 年的 0.502 亿元；第二阶段为 2016 ~ 2018 年，亿元固定资产投资实现增加值由 2016 年的 0.502 亿元增长至 2018 年的 0.628 亿元；第三阶段为 2018 ~ 2022 年，亿元固定资产投资实现增加值再次呈现下降趋势，由 2018 年的 0.628 亿元逐渐下降到 2022 年的 0.537 亿元。

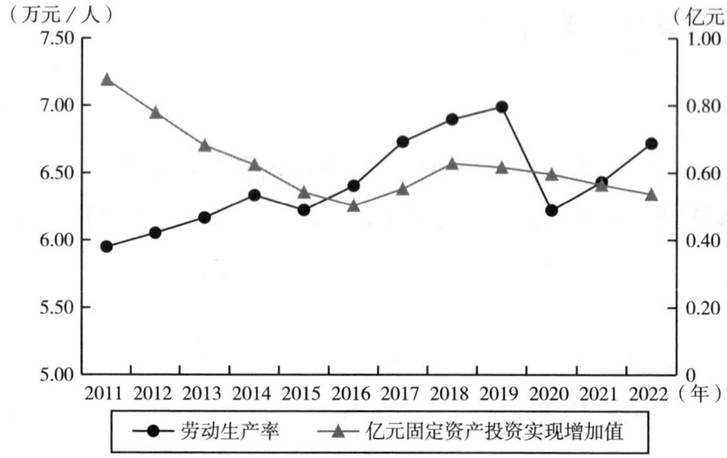

图 4.15 成渝地区双城经济圈服务业发展效率情况

4.3 成渝地区双城经济圈制造业发展概况

2011 ~ 2022 年，成渝地区双城经济圈制造业发展成效显著，营业收入由 2011 年的 33621.1 亿元增长至 2022 年的 65282.2 亿元，利润总额由 2011 年的

2209.85 亿元上升至 2022 年的 4800.78 亿元，经济效益显著提升。与此同时，随着制造业的发展，制造业从业人员占全社会就业人员的比重也呈现出上升趋势，占比由 2011 年的 12.94% 上升至 2022 年的 13.55%，反映了成渝地区双城经济圈制造业在吸纳就业方面的积极作用。为了进一步反映成渝地区双城经济圈制造业发展特征，从发展规模、发展结构和发展效率三个维度展开分析，发展规模主要从制造业的产出规模、投入规模和企业规模三个方面进行分析，反映制造业整体发展态势和规模扩张情况；发展结构主要从制造业就业人员结构和固定资产投资结构两个方面展开分析，反映其结构调整和优化趋势；发展效率主要分析制造业的劳动效率和资本效率。

4.3.1　发展规模

（1）产出规模。

图 4.16 展示了成渝地区双城经济圈制造业的营业收入和利润总额情况。总体而言，成渝地区双城经济圈制造业的营业收入和利润总额均呈现增长趋势，但增长速度波动较大。成渝地区双城经济圈制造业营业收入由 2011 年的 33621.1 亿元增长到 2022 年的 65282.15 亿元，增长了 1.94 倍，年均增长率为 6.22%。具体而言，2011 ~ 2016 年，制造业营业收入由 33621.1 亿元逐年增加至 55149.57 亿元，增长了 1.64 倍，年均增长率为 10.40%；2017 年，营业收入下降为 51359.13 亿元；2018 ~ 2022 年，营业收入不断增加，且增长速度不断加快，营业收入由 2018 年的 51776.47 亿元增加到 2022 年的 65282.15 亿元，增长了 1.26 倍，年均增长率为 5.97%。

与此同时，成渝地区双城经济圈制造业利润总额由 2011 年的 2209.85 亿元增长到 2022 年的 4800.78 亿元，增长了 2.17 倍，年均增长率为 7.31%。具体而言，制造业利润总额从 2011 年的 2209.85 亿元上升到 2017 年的 3615.10 亿元；之后制造业利润总额下滑，2018 年下降为 3470.32 亿元，2019 年进一步下降至 3351.20 亿元；2020 ~ 2022 年，制造业利润总额逐渐增长，从 2020 年的 3918.92 亿元逐渐增加至 2022 年的 4800.78 亿元，增长了 1.23 倍，年均增长率为 10.68%。

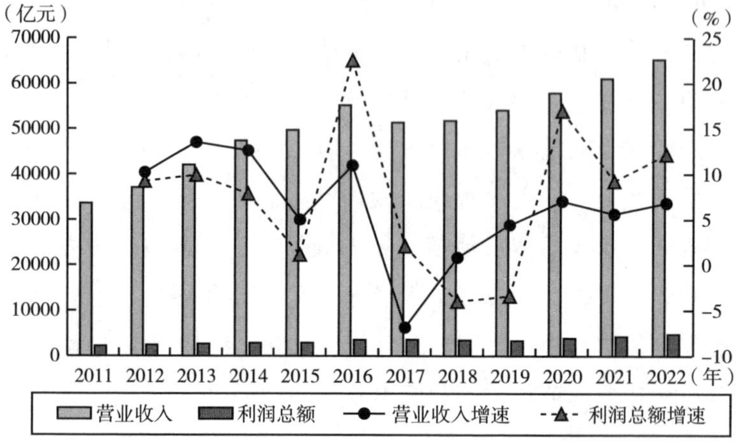

图 4.16　成渝地区双城经济圈制造业产出规模情况

（2）投入规模。

选取制造业从业人员数和固定资产投资额两个指标，从人力和物力两个维度对成渝地区双城经济圈制造业的资源投入情况进行分析。制造业从业人员数的变化直接反映了该产业在吸纳就业方面的能力，同时也间接体现了其产业规模和活跃度的变化。固定资产投资额是衡量制造业物力资源投入的关键指标，反映了制造业在基础设施建设、设备购置和技术升级等方面的投入力度。图 4.17 和图 4.18 反映了 2011 ~2022 年成渝地区双城经济圈制造业从业人员和固定资产投资的变化情况。可以看出，成渝地区双城经济圈制造业从业人员规模呈现先上升再下降的变化趋势，固定资产投资规模呈现波动上升趋势，增长速度均呈现不同程度减缓，部分年份出现了负增长。

图 4.17 展示了 2011 ~2022 年成渝地区双城经济圈制造业从业人员数量变化情况。成渝地区双城经济圈制造业从业人员数量由 2011 年的 701.74 万人增长到 2022 年的 765.74 万人，增长了 1.09 倍，年均增长率为 0.80%，增长速度总体呈下降趋势，由 2012 年的 5.32% 波动下降至 2022 年的 -0.26%。具体来看，2011 ~2017 年，制造业从业人员由 701.74 万人逐渐增长到 802.02 万人，增长了 1.14 倍，年均增长率为 2.25%；2018 年后，制造业从业人员数量不断下降，由 2018 年的 776.88 万人逐渐减少到 2022 年的 765.74 万人，减少了 11.14 万人，但减少的速度有所放缓。

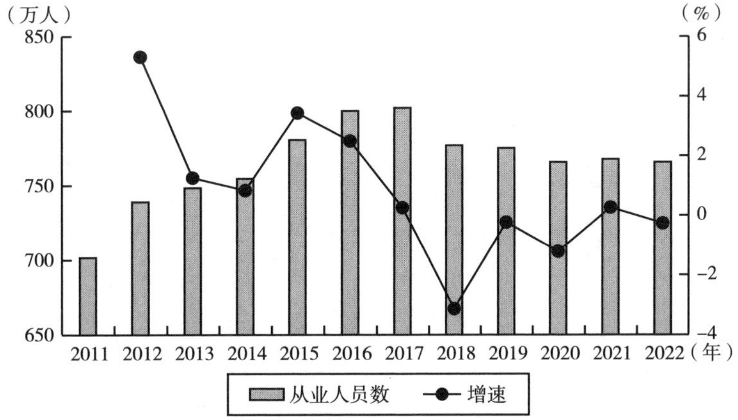

图 4.17　成渝地区双城经济圈制造业从业人员情况

图 4.18 展示了 2011 ~ 2022 年成渝地区双城经济圈制造业固定资产投资的变化情况。由图 4.18 可知，成渝地区双城经济圈制造业固定资产投资额由 2011 年的 5420.64 亿元增长到 2022 年的 11858.35 亿元，增长了 2.19 倍，年均增长率为 7.38%，增长速度总体呈现波动下降的变化趋势，在 2018 年出现了负增长。具体而言，2011 ~ 2017 年，成渝地区双城经济圈制造业固定资产投资额由 5420.64 亿元增长到 11034.25 亿元，增长了 2.04 倍，年均增长率为 12.58%；2018 年，固定资产投资额下降为 10630.35 亿元，减少了 403.9 亿元；之后，固定资产投资额平稳增长，由 2019 年的 11228.46 亿元逐步增加到 2022 年的 11858.35 亿元，增长了 1.06 倍，年均增长率为 1.84%。

（3）企业规模。

高新技术企业数量的变化情况可以在一定程度上反映成渝地区双城经济圈制造业的高质量发展趋势。图 4.19 展示了 2011 ~ 2022 年成渝地区双城经济圈高新技术企业数量变化情况。可以看出，观测期间，成渝地区双城经济圈高新技术企业数量不断增加，由 2011 年的 1709 个增加至 2022 年的 10513 个，增长了 6.15 倍，年均增长率 17.96%，增长态势明显。从增长速度来看，2011 ~ 2017 年，高新技术企业数量由 1709 个增长到 4395 个，增长了 2.57 倍；2018 年，高新技术企业数量增长速度放缓，企业数量增加为 4772 个，增加了 377 个；2019 年后，高新技企业数量再次呈现快速增长态势，由 2019 年的 5686 个增长至 2022 年的 10513 个，增长了 1.85 倍。

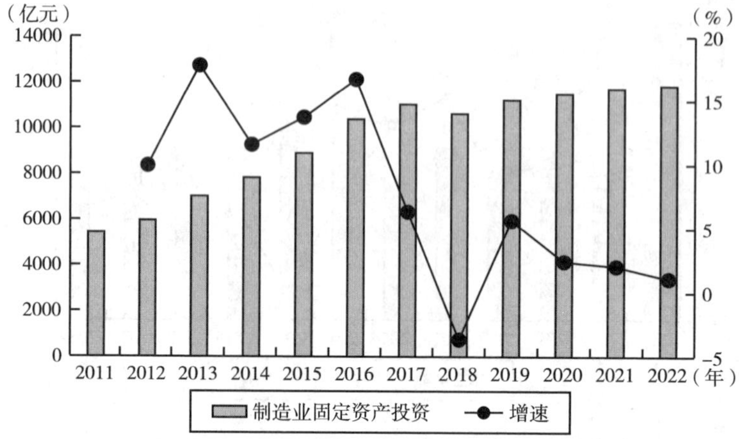

图 4.18　成渝地区双城经济圈制造业固定资产投资情况

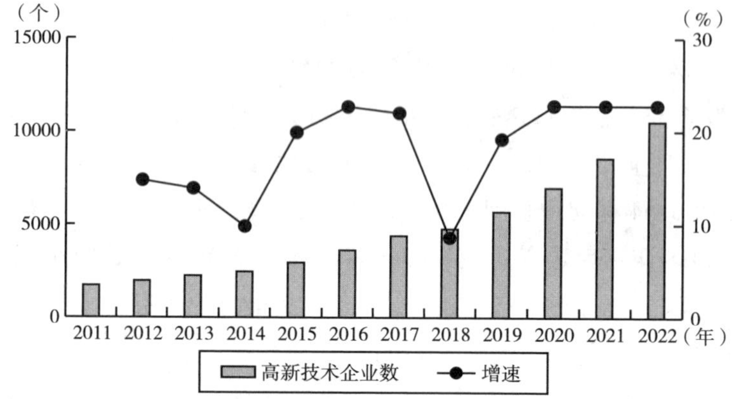

图 4.19　成渝地区双城经济圈高新技术企业数量情况

4.3.2　发展结构

选取制造业从业人员结构和制造业固定资产投资结构两个指标分析成渝地区双城经济圈制造业发展结构情况。图 4.20 展示了成渝地区双城经济圈制造业从业人员结构情况。2011～2022 年，成渝地区双城经济圈制造业从业人员占全社会从业人员的比重较为稳定，略有提升，占比由 2011 年的 12.94% 上升为 2022 年的 13.55%。制造业从业人员占第二产业从业人员的比重上升明显，占比由2011年的47.94%上升至2022年的55.29%。具体而言，可以将制造业从业人员占第二产业从业人员比重的变化情况分为两个阶段：第一阶段为2011~2019年，制造业从业人员占第二产业从业人员的比重较为平稳，占比在48%左右；第二阶段为2020~2022年，制造业从业人员占第二产业从业人员比重大幅提升，占比由2019年的47.89%提升至2020年的54.49%，并进一步提升至2022年的55.29%。成渝地区双城经济圈第二产业从业人数占全社会从业人数的比重则总体呈现下降趋势，占比由2011年的26.99%下降为2022年的24.43%，具体而言，2011~2019年，第二产业从业人数占全社会从业人数比重稳中有升，占比由2011年的26.99%稳步上升为2019年的28.37%，2020年后，第二产业从业人数占全社会从业人数比重下降至24.43%，之后占比保持在25%左右。

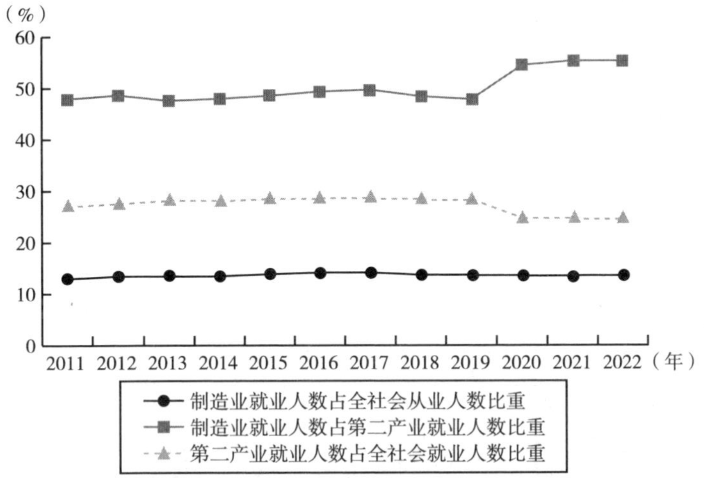

图4.20　成渝地区双城经济圈制造业从业人员结构情况

图4.21展示了成渝地区双城经济圈制造业固定资产投资结构情况。2011~2022年，成渝地区双城经济圈制造业固定资产投资额占全社会固定资产投资总额的比重总体呈现下降趋势，由2011年的26.79%下降至2022年的23.00%。具体而言，成渝地区双城经济圈制造业固定资产投资额占全社会固定资产投资总额比重的变化情况可以划分为两个阶段：2011~2018年，制造业固定资产投资额占全社会固定资产投资总额的比重略有上升，占比由2011

年的26.79%上升至2018年的29.71%；2018~2022年，制造业固定资产投资额占全社会固定资产投资总额的比重不断下降，占比由2018年的29.71%不断下降至2022年的23.00%。观测期内，成渝地区双城经济圈制造业固定资产投资占第二产业固定资产投资的比重总体呈现先上升再下降的变化趋势。具体来看，制造业固定资产投资额占第二产业固定资产投资额比重由2011年的74.85%上升至2016年的83.65%，之后，制造业固定资产投资额占第二产业固定资产投资额的比重不断下降，占比由2017年的80.08%不断下降至2022年的71.43%。第二产业固定资产投资额占全社会固定资产投资额比重的变化趋势与制造业固定资产投资额占全社会固定资产投资额比重的变化趋势相似，占比总体由2011年的35.79%下降到2022年的31.71%，具体来看，第二产业固定投资额占全社会固定资产投资额比重由2011年的35.79%上升至2018年的38.39%，之后占比不断下降，2022年占比下降至31.71%。

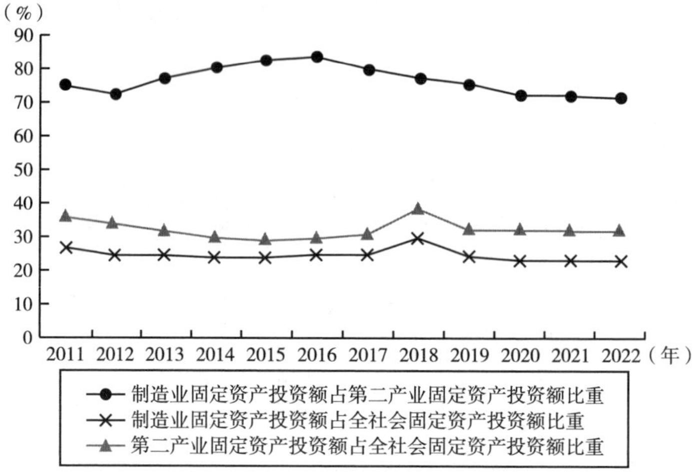

图4.21 成渝地区双城经济圈制造业固定资产投资结构情况

4.3.3 发展效率

(1) 劳动效率。

选择人均销售额指标对成渝地区双城经济圈制造业的劳动效率进行分析。人均销售额作为衡量制造业内部从业人员效率的关键指标，能够反映从业人员在销售环节实现的平均业绩。该指标不仅体现了制造业员工在销售过程中的能力和效率，同时也间接反映了企业的运营水平、市场竞争力以及产品吸引力等方面的综合情况。为了剔除价格因素的影响，以2011年为基期，采用工业生产者出厂价格总指数对制造业销售额进行平减处理，得到以2011年不变价格计算的制造业销售额。图4.22展示了2011~2022年成渝地区双城经济圈制造业人均销售额的变化情况。可以看出，观测期内，成渝地区双城经济圈制造业从业人员人均实现销售额呈现明显上升趋势，由2011年的47.91万元上升至2022年的88.45万元，增长了1.85倍，年均增长率为5.73%。具体来看，2011~2016年，制造业人均销售额从47.91万元上升至75.45万元，增长了1.57倍，年均增长率为9.51%；2017年，制造业从业人员人均实现销售额略有下降，为66.79万元；2018~2022年，制造业从业人员人均实现销售额再次呈现上升态势，由2018年的67.61万元逐渐上升至2022年的88.45万元，增长了1.31倍，年均增长率为6.795%。

（2）资本效率。

为深入剖析成渝地区双城经济圈制造业的资本效率，选取亿元固定资产投资实现销售额这一关键指标进行分析。该指标不仅从制造业销售额的视角出发，对固定资产的投资效率进行了全面而细致的考察，同时更直观地揭示了制造业固定资产对产业销售额的贡献程度。通过对比不同企业或同一企业不同时期的数据，能够更加精准地评估制造业固定资产投资的效益，进而为优化资本配置、提升产业竞争力提供有力支持。为了剔除价格因素的影响，制造业销售额和固定资产投资额以2011年为基期，分别采用工业生产者出厂价格指数进行平减，得到以2011年不变价格计算的销售额和固定资产投资额。

图4.22展示了成渝地区双城经济圈亿元固定资产投资实现销售额的具体情况。总体来讲，2011~2022年，成渝地区双城经济圈制造业亿元固定资产投资实现销售额呈现下降趋势，由2011年的6.20亿元下降至2022年的5.17亿元，减少了1.03亿元。具体而言，观测期内，成渝地区双城经济圈亿元固定资产投资实现销售额的变化情况可以大致划分为两个阶段：2011~2017年，亿元固定资产投资实现销售额不断减少，由2011年的6.20亿元波动下降到2017年的4.85亿元，下降了1.35亿元；2018~2022年，亿元固定资产投资

实现销售额不断增加，由 2018 年的 4.94 亿元逐渐增长到 2022 年的 5.17 亿元，增长了 0.23 亿元，年均增长率为 1.14%。制造业亿元固定资产投资实现销售额的下降趋势反映了成渝地区双城经济圈制造业发展过程中在资本效率上的不足以及产业优化调整的紧迫性。

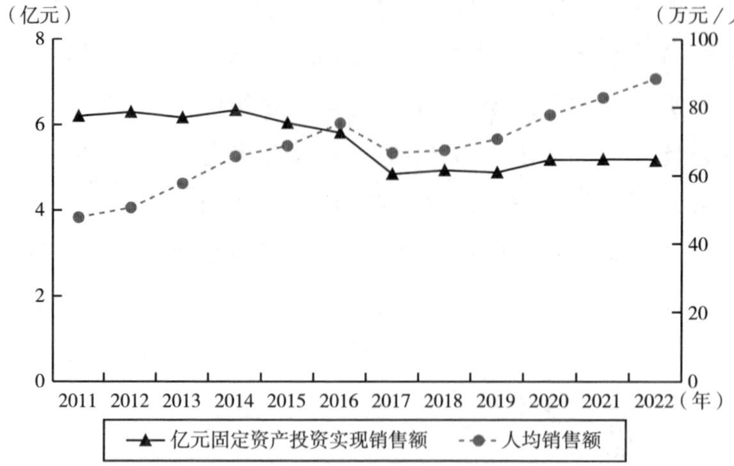

图 4.22　成渝地区双城经济圈制造业发展效率情况

4.4　本章小结

本章从数字基础设施、数字产业发展、数字发展支撑，以及发展规模、发展结构、发展效率等方面对成渝地区双城经济圈数字经济以及服务业、制造业发展现状进行分析。研究结论如下：

第一，成渝地区双城经济圈数字基础设施日趋完善，数字产业规模不断扩大，支撑条件不断改善。2011～2022 年，成渝地区双城经济圈中的移动电话用户数从 7340.24 万户增长到 12948.66 万户，增长了 1.76 倍，年平均增长率为 5.30%；互联网宽带接入用户数从 2011 年的 887.46 户增长到了 2022 年的 5617.73 万户，增长了 6.33 倍，年均增长率为 18.26%，数字基础设施不断完善。数字产业规模不断扩大，信息技术服务业从业人数和电信业务收入整体均呈现增长态势，信息技术服务业从业人员由 2011 年的 40.88 万人增加到 2022

年的 111.36 万人，增长了 2.72 倍，年均增长率 9.54%；电信业务收入由 2011 年的 544.85 亿元增长到 2022 年的 1002.20 亿元，增长了 1.84 倍，年均增长率为 5.70%。数字发展支撑不断改善，成渝地区双城经济圈教育经费支出从 2011 年的 782.69 亿元增长到 2022 年的 2165.22 亿元，增长了 2.77 倍，年均增长率为 9.69%，其占地方财政一般预算支出比重不断提升，占比由 2011 年的 14.19% 增加到 2022 年的 16.07%；科学技术支出由 2011 年的 55.05 亿元增长到 2022 年的 318.74 亿元，增长了 5.79 倍，年均增长率为 17.31%，占地方财政一般预算支出比重不断提升，由 2011 年的 1.00% 上升到 2022 年的 2.19%；专利申请授权数由 2011 年的 4.27 万件增长到 2022 年的 21.92 万件，增长了 5.13 倍，年均增长率为 16.03%；在校大学生数由 2011 年的 169.9 万人增长到 2022 年的 310.69 万人，增长了 1.83 倍，年均增长率为 5.64%。

第二，成渝地区双城经济圈服务业规模不断扩大，结构不断优化，劳动效率不断提升，但资本效率有所下降。2011 ~ 2022 年，成渝地区双城经济圈服务业产出规模和投入规模均不断扩大，服务业增加值由 2011 年的 10888.17 亿元增长到 2022 年的 42193.5 亿元，增长了 3.88 倍，年均增长率为 13.10%；从业人员数由 2011 年的 1830.39 万人增长到 2022 年的 2803.94 万人，增长了 1.53 倍，年均增长率为 3.95%，其中，现代服务业从业人员数量由 2011 年的 353.12 万人增长到 2022 年的 562.31 万人，增长了 1.59 倍，年均增长率为 4.32%，传统服务业从业人员数量由 2011 年的 1477.27 万人增长至 2022 年的 2060.06 万人，增长了 1.39 倍，年均增长率为 3.07%，相比而言，现代服务业发展态势更为强劲；固定资产投资额由 2011 年的 12439.78 亿元增长到 2022 年的 40230.24 亿元，增长了 3.23 倍，年均增长率为 11.26%。服务业增加值占地区生产总值的比重由 2011 年的 38.04% 提升至 2022 年的 52.87%，服务业固定资产投资占全社会固定资产投资总额的比重由 2011 年的 61.46% 上升至 2022 年的 66.00%，服务业从业人员占社会从业人员的比重由 2011 年的 33.75% 上升为 2022 年的 51.52%，其中，传统服务业从业人员占比较高，但占比呈现波动下降趋势，现代服务业从业人员占比呈现波动上升态势，特别是租赁与商务服务业，以及信息传输、软件和信息技术服务业从业人员占比上升幅度较大，服务业就业结构不断优化。从发展效率来看，成渝地区双城经济圈服务业劳动效率不断提升，从业人员人均实现增加值由 2011 年的 5.95 万元上升至 2022 年的 6.72 万元，但资本效率有所下降，亿元固定资产投资实现服务业增加值由 2011 年的 0.875 亿元下降为 2022 年的 0.537 亿元。

第三，成渝地区双城经济圈制造业营业收入和利润总额均呈现增长趋势，劳动效率不断提升，但资本效率有所下降。2011～2022 年，成渝地区双城经济圈制造业营业收入由 2011 年的 33621.1 亿元增长到 2022 年的 65282.15 亿元，增长了 1.94 倍，年均增长率为 6.22%；利润总额由 2011 年的 2209.85 亿元增长到 2022 年的 4800.78 亿元，增长了 2.17 倍，年均增长率为 7.31%。从投入规模来看，制造业从业人员数量由 2011 年的 701.74 万人增长到 2022 年的 765.74 万人，增长了 1.09 倍，年均增长率为 0.80%，增长速度总体呈下降趋势；固定资产投资额由 2011 年的 5420.64 亿元增长到 2022 年的 11858.35 亿元，增长了 2.19 倍，年均增长率为 7.38%，增长速度同样呈现出波动下降的变化趋势；高新技术企业由 2011 年的 1709 个增加至 2022 年的 10513 个，增长了 6.15 倍，年均增长率 17.96%，发展态势良好。从发展结构来看，成渝地区双城经济圈制造业从业人员占全社会从业人员的比重略有提升，占比由 2011 年的 12.94% 上升为 2022 年的 13.55%；制造业从业人员占第二产业从业人员的比重上升明显，占比由 2011 年的 47.94% 上升至 2022 年的 55.29%；制造业固定资产投资额占全社会固定资产投资总额的比重呈现下降趋势，由 2011 年的 26.79% 下降至 2022 年的 23.00%；制造业固定资产投资占第二产业固定资产投资的比重则呈现先上升再下降的变化趋势，占比由 2011 年的 74.85% 上升至 2016 年的 83.65%，之后不断下降至 2022 年的 71.43%。从发展效率来看，成渝地区双城经济圈制造业劳动效率不断提升，从业人员人均实现销售额由 2011 年的 47.91 万元上升至 2022 年的 88.45 万元，上升趋势明显；资本效率不断下降，亿元固定资产投资实现销售额由 2011 年的 6.20 亿元下降至 2022 年的 5.17 亿元，减少了 1.03 亿元。

第 5 章

成渝地区双城经济圈数字经济与产业融合共生水平测度分析

构建数字经济与产业融合共生评价指标体系，借鉴容量耦合系数模型构建数字经济与产业融合共生水平评价模型，对成渝地区双城经济圈数字经济与产业融合共生水平进行测度，从时变演化、空间特征、产业差异三个方面对成渝地区双城经济圈数字经济与产业融合共生水平进行分析，并对成渝地区双城经济圈数字经济与产业融合共生类型进行划分。

5.1 指标体系构建及模型选择

5.1.1 指标体系构建

随着全球经济结构的深刻变革以及科学技术的迅猛发展，数字经济已逐渐成为推动经济发展的重要引擎。数字经济在全球范围的崛起和扩散，不仅改变了传统的产业形态和商业模式，更在深层次上促进了产业的融合与创新。产业发展与数字经济的深度融合已成大势所趋，数字经济推动下的产业高质量发展是未来经济社会发展的必然要求。数字经济与产业融合发展的过程遵循产业高质量发展的一般演变规律，呈现出由注重效率提升到关注创新发展、由低端到高端的变化特征。

数字经济为产业高质量发展提供了强大的动力。数字技术的应用及数字基础设施的完善，使传统产业的生产方式、经营模式和管理手段得以革新，提高了生产效率和资源利用效率，推动传统产业向高端化、智能化、绿色化方向发展，推动了产业链的升级和价值链的提升。同时，数字经济也促进了不同产业之间的融合，形成了跨界融合的新业态，为产业发展提供了更广阔的空间。然而，数字经济与产业发展之间的关系并非为单向，产业高质量发展也为数字经济的进一步壮大提供了坚实的基础。随着产业的升级和转型，产业发展对数字技术的需求日益增强，为数字经济发展提供了广阔的市场空间。数字经济通过促进产业生产流程简便、设备高级化等提升产业效率。效率的提升会使资源在产业内的配置和利用更加优化，劳动力、资本、技术等生产要素的使用更加高效，单位产出所需的资源投入减少，生产成本降低，从而提升了产业的盈利能力。盈利能力的增强可以为企业提供更多的资金积累，使企业拥有更多的资本用于扩大生产规模，增添生产设备，优化生产线，推动产业发展规模不断扩大。产业规模的扩大会加剧市场竞争，倒逼产业技术创新、开发新产品、提高产品质量、优化服务，以不断满足市场的新需求，进一步推动产业变革。因此，数字经济与产业融合共生不仅体现在产业效率、发展规模与发展结构的变化，也体现在创新能力的提升。

遵循多层次、阶段性、可比性、系统性等原则，借鉴李向阳（2022）和杜丹丽（2022）的相关研究，从数字基础设施、数字产业发展、数字发展支撑，以及产业效率、发展规模、发展结构、创新发展等方面构建数字经济与产业融合共生评价指标体系，具体指标如表 5.1 所示。

（1）数字经济发展水平的指标选取。

数字经济主要从数字基础设施、数字产业发展以及数字发展支撑三个维度选取指标。数字基础设施是数字经济发展的基石，包括宽带网络、数据中心、云计算平台等关键要素，为数字经济的发展运行提供了必要的物质和技术条件。完善的数字基础设施能够确保数据的快速传输和处理，支撑各类数字应用的稳定运行，为数字经济的繁荣发展奠定坚实基础。数字产业是数字经济发展的核心动力，数字产业涵盖了信息技术、电信、互联网等众多领域，这些产业的创新发展直接推动了数字经济的快速增长。数字发展支撑是数字经济发展的重要保障，包括政策支持、人才培养、技术支持等多个方面，为数字经济的健康发展提供支撑保障。具体而言，数字基础设施包括互联网普及率、移动电话普及率两个指标，互联网普及率用移动电话用户数与常住人口比重来衡量，移动电话普及率用互联网接入用户数占地区常住人口比重来衡量；数字产业发展包括信息技术、电信、互联网三个行业维度，分别用信息技术从业人员、电信业务收入、互联网宽带接入用户数来衡量；数字发展支撑包括人才储备、财政支持与技术支持三维度，人才储备选用在校大学生人数衡量，财政支持选用科学技术支出、教育经费支出占地方财政一般预算比重衡量，技术支持选用专利授权数衡量。

（2）产业发展水平的指标选取。

产业发展主要从产业效率、发展规模、发展结构和创新发展四个维度选取指标。产业效率反映了产业在生产过程中的资源利用效率和经济效益，产业效率的提升有助于降低生产成本，增强市场竞争力。发展规模是衡量产业发展水平的重要维度，体现了产业在数量上的增长和扩张程度，具有较大发展规模的产业往往能够带动相关产业的发展，形成产业链和产业集群，进一步推动区域经济的整体发展，同时，产业发展规模越大，意味着具有更强的市场影响力和议价能力，有利于提升产业的整体竞争力。发展结构反映了产业内部的组成和比例关系。合理的产业发展结构能够实现资源的优化配置和高效利用，提升产业的整体效益。在产业发展过程中，应注重优化产业结构，推动传统产业的转型升级和新兴产业的培育发展，通过调整产业结构，促进产业之间的协调发展，提升产业的综合竞争力。创新发展是衡量产业发展水平的关键因素，代表了产业在技术创新、产品创新和管理创新等方面的能力。创新发展是产业持续发展的动力源泉，推动产业不断向高端化、智能化、绿色化方向发展。具体而言，从产出效率、投资效率、产出规模、投资规模、产业占比、结构高级化、开放度、经费投入以及人员投入九个维度衡量产业发展情况，具体指标如表5.1所示。

表5.1　数字经济与产业融合共生评价指标体系

子系统	一级指标	二级指标	三级指标
数字经济子系统	数字基础设施	互联网普及率	互联网宽带接入用户数占地区常住人口比重
		移动电话普及率	移动电话用户数与常住人口比重
	数字产业发展	信息技术服务业	信息技术服务业从业人员数
		电信行业	电信业务收入
		互联网行业	互联网宽带接入用户数

续表

子系统	一级指标	二级指标	三级指标
数字经济子系统	数字发展支撑	人才储备	在校大学生人数
		财政支持	科学技术支出占地方财政一般预算支出比重
			教育经费支出占地方财政一般预算支出比重
		技术支持	专利授权数
制造业子系统	产业效率	产出效率	制造业主营业务收入/制造业就业人数
		投资效率	制造业固定资产投资/主营业务收入
	发展规模	产出规模	制造业主营业务收入
		投资规模	制造业固定资产投资
	发展结构	产业占比	工业产值/GDP
		结构高极化	高技术产业主营业务收入/制造业主营业务收入
		开放度	进出口贸易总额
	创新发展	经费投入	R&D 经费内部支出/高新技术企业数
		人员投入	R&D 人员全时当量
服务业子系统	产业效率	产出效率	第三产业增加值/第三产业就业人数
		投资效率	第三产业固定资产投资/第三产业增加值
	发展规模	产出规模	第三产业增加值
		投资规模	第三产业固定资产投资额
	发展结构	产业占比	第三产业增加值占 GDP 比重
		结构高极化	第三产业产值/第二产业产值
		开放度	实际利用外资额
	创新发展	人员投入	科学研究与技术服务从业人员数
		经费投入	研究与开发机构科技经费支出

5.1.2 评价模型设计

（1）容量耦合系数模型。

目前，学术界常用的产业共生水平测度方法主要有赫芬达尔指数法、耦合度模型以及投入产出法等。容量耦合模型被广泛用于研究经济社会、地区发展、资源环境、产业结构等系统的协同、均衡以及融合分析（张欢等，2019）。借鉴容量耦合模型，可以分析不同系统之间的相互作用和相互依赖关系，揭示系统之间的内在规律和作用机制，识别系统中的关键要素和瓶颈问题，为政策制定和决策提供科学依据。耦合这一概念来源于物理学，是指两个或两个以上系统或运动方式通过相互作用彼此影响的现象，是系统内部各子系统间相互依赖、促进、协调的动态关联关系。耦合系统由无序发展至有序状态的关键在于其内部各子系统序参量间的协同作用，并决定着系统变化的规律及特征，度量这种协同作用，描述各子系统相互影响程度的指标就是耦合度（周晓辉等，2021）。

在耦合理论中，一般采用功效函数定义耦合函数。功效函数中，设 $y_i(i=1,2,3,\cdots,n)$ 为耦合系统中的序参量，y_{ij} 为系统第 i 个序参量的第 j 个指标，其数值用 $Z_{ij}(j=1,2,3,\cdots,m)$ 表示，a_{ij} 和 b_{ij} 分别表示耦合系统稳定序参量的上限值和下限值，功效函数为：

$$y_{ij}=\begin{cases}\dfrac{Z_{ij}-b_{ij}}{a_{ij}-b_{ij}}, Z_{ij}\text{ 具有正功效}\\[2ex]\dfrac{a_{ij}-Z_{ij}}{a_{ij}-b_{ij}}, Z_{ij}\text{ 具有负功效}\end{cases} \tag{5.1}$$

其中，y_i 表示变量 Z_{ij} 对系统功效贡献程度，取值范围为［0，1］，其值越趋近于1表明对系统贡献程度越大；反之，其值越趋近于0表明对系统贡献程度越小。耦合系统中的子系统由序参量组成，各指标的权重可以通过赋权法确定。设 π_{ij} 为子系统中第 i 个指标中第 j 个变量的权重，则子系统对耦合系统的贡献值 y_i 为：

$$y_i=\sum_{j=1}^{m}\pi_{ij}\times y_{ij}, \sum_{j=1}^{m}\pi_{ij}=1 \tag{5.2}$$

系统序参量的功效确定后，根据物理学中的耦合度模型（Valerie，1996），如果系统中包含 n 个子系统，那么，测量系统整体耦合度的模型可表示为：

$$D_n=n\left(\frac{(y_1\times y_2\times y_3,\cdots,y_n}{\prod_{i=1}^{n}(y_i+y_j)^n}\right)^{\frac{1}{n}} \tag{5.3}$$

其中，D_n 表示 n 个子系统的耦合度，$y_1,y_2,y_3,\cdots,y_n$ 为各子系统综合评价指标。D_n 的取值范围为（0，1），D_n 值越大，表明系统内子系统间各要素更趋于有序发展，子系统间的和谐度越高。反之，D_n 值越小，表明系统内子系统间各要素更趋于无序发展，子系统间的和谐度越低。根据耦合协调度的大小可以判断系统内部子系统间交互作用的强弱。

（2）数字经济与产业融合共生水平评价模型。

构建由数字经济子系统、制造业和服务业代表的产业子系统共同组成的数字经济与产业融合共生演化系统，借鉴容量耦合系数模型构建数字经济与产业融合共生评价模型，探究数字经济与产业系统通过各自耦合要素的相互影响、相互协调及相互依赖的动态关联关系。各子系统综合发展水平计算公式如下：

$$V_i = \sum_{j=1}^{m} (W_j \times E_{ij}) \tag{5.4}$$

其中，V_i 代表各子系统综合发展水平，m 代表各子系统内指标个数，W_j 代表各指标权重。

计算得到数字经济与产业融合共生度 C：

$$C = \left[\frac{S \times M \times E}{\left(\frac{S + M + E}{3} \right)^3} \right]^{\frac{1}{3}} \tag{5.5}$$

其中，E 为数字经济发展水平，M 为制造业发展水平，S 为服务业发展水平，C 取值为 0 ~ 1。

融合共生度对各子系统间的关联和协调程度进行了度量，能够反映各子系统间相互作用程度的大小，但不能反映系统本身的发展水平。因此，基于融合共生度测算数字经济与产业融合共生协调度，计算公式如下：

$$D = \sqrt{C \times T} \tag{5.6}$$

$$T = aS + \beta E + \forall M \tag{5.7}$$

其中，D 为数字经济与产业融合共生协调度，C 为融合共生度，T 为综合协调指数，a 、β、$\forall$ 分别表示服务业、数字经济、制造业对整体共生协调度的贡献程度，反映了系统整体协同效应，$a + \beta + \forall = 1$ 。参考相关文献，$a = \forall = \beta = 1/3$，数字经济与产业共生水平由融合共生协调度 D 值来体现。

（3）融合共生协调度等级划分。

根据物理学中耦合协调阶段的划分，将数字经济与产业的融合共生协调程度划分为 10 个等级，作为数字经济与产业融合共生水平的判定标准，具体划分标准见表 5.2。

表 5.2 数字经济与产业融合共生水平划分区间

取值区间	融合共生协调度	融合共生水平评价	取值区间	融合共生协调度	融合共生水平评价
(0, 0.1]	极度失调	无融合共生	(0.5, 0.6]	勉强协调	初级融合共生
(0.1, 0.2]	严重失调		(0.6, 0.7]	初级协调	
(0.2, 0.3]	中度失调		(0.7, 0.8]	中级协调	中级融合共生
(0.3, 0.4]	轻度失调		(0.8, 0.9]	良好协调	
(0.4, 0.5]	濒临失调		(0.9, 1]	优质协调	优良融合共生

5.1.3 数据处理

(1) 数据来源。

根据2021年国务院印发的《成渝地区双城经济圈建设规划纲要》确定空间范畴，成渝地区双城经济圈包括重庆市、成都市、自贡市、绵阳市、泸州市、乐山市、宜宾市、遂宁市、南充市、达州市、眉山市、资阳市、广安市、内江市、德阳市以及雅安市共16个地级及以上城市。数据选取区间为2011~2022年，主要来源于《中国统计年鉴》《四川统计年鉴》《中国城市统计年鉴》《重庆统计年鉴》《重庆科技统计年鉴》以及各地级市统计年鉴和统计公报，四川省科技厅、四川省科技促进发展研究中心相关资料，部分缺失数据采用线性插值法进行填补。

(2) 数据标准化处理。

对原始数据进行标准化处理。标准化处理公式如下：

正向指标：$$E_{ij} = \frac{X_{ij} - X_{\min}}{X_{\max} - X_{\min}} \tag{5.8}$$

负向指标：$$E_{ij} = \frac{X_{\max} - X_{ij}}{X_{\max} - X_{\min}} \tag{5.9}$$

其中，i 为年份序号；j 为指标序号；E_{ij} 表示 i 年 j 指标的标准化值；X_{ij} 表示 i 年 j 指标的原始值；$X_{\min}$、$X_{\max}$ 分别为统计年份中同类指标中的最小值、最大值。

5.1.4 权重确定

熵值法是指利用信息熵对指标赋予相应权重，熵是对不确定性的一种度量，不确定性越高，其所反映的信息量越少，因此权重越小，主要运用于决策分析中获取关键指标信息（李刚，2014）。采用熵值法确定各项指标权重，具体计算过程如下：

（1）确定第 i 年第 j 项指标值的比重：$P_{ij} = \dfrac{E'_{ij}}{\sum_{i=1}^{m} E'_{ij}}$　（5.10）

（2）确定第 j 项指标的信息熵值：$H_j = -\dfrac{1}{\ln(ab)} \sum_{i=1}^{m} P_{ij}\ln(P_{ij})$　（5.11）

其中，H_j 表示信息熵，$a=16$ 表示参与评价的 16 个地区，$b=12$ 表示统计年份数量。

（3）计算 j 项指标的差异系数：$g_i = 1 - H_j$　（5.12）

（4）计算各指标的权重：$W_j = \dfrac{g_i}{\sum_{i=1}^{m} g_i}$ $(j=1, 2, 3, \cdots, m)$　（5.13）

（5）计算指标加权得分：

$$S_i = \sum_{j=1}^{m} (W_j \times E_{ij}) \tag{5.14}$$

各指标权重见表 5.3。

表 5.3　各项指标权重

子系统	一级指标	二级指标	三级指标	指标权重
数字经济子系统	数字基础设施	互联网普及率	互联网宽带接入用户数占地区常住人口比重	0.0609
		移动电话普及率	移动电话用户数与常住人口比重	0.0326
	数字产业发展	信息技术服务业	信息技术服务业从业人员数	0.1574
		电信行业	电信业务收入	0.1334
		互联网行业	互联网宽带接入用户数	0.1407
	数字发展支撑	人才储备	在校大学生人数	0.1754
		财政支持	科学技术支出占地方财政一般预算支出比重	0.0786
			教育经费支出占地方财政一般预算支出比重	0.0732
		技术支持	专利授权数	0.1479

续表

子系统	一级指标	二级指标	三级指标	指标权重
制造业子系统	产业效率	产出效率	制造业主营业务收入/制造业就业人数	0.1381
		投资效率	制造业固定资产投资/主营业务收入	0.1228
	发展规模	产出规模	制造业主营业务收入	0.0892
		投资规模	制造业固定资产投资	0.0841
	发展结构	产业占比	工业产值/GDP	0.1289
		结构高级化	高技术产业主营业务收入/制造业主营业务收入	0.1317
		开放度	进出口贸易总额	0.1236
	创新发展	经费投入	R&D 经费内部支出/高新技术企业数	0.1179
		人员投入	R&D 人员全时当量	0.0639
服务业子系统	产业效率	产出效率	第三产业增加值/第三产业就业人数	0.1283
		投资效率	第三产业固定资产投资/第三产业增加值	0.1485
	发展规模	产出规模	第三产业增加值	0.0765
		投资规模	第三产业固定资产投资额	0.0993
	发展结构	产业占比	第三产业增加值占 GDP 比重	0.1445
		结构高级化	第三产业产值/第二产业产值	0.1493
		开放度	实际利用外资额	0.0795
	创新发展	人员投入	科学研究与技术服务从业人员	0.0928
		经费投入	研究与开发机构科技经费支出	0.0783

5.2　数字经济与产业融合共生水平分析

5.2.1　数字经济与产业融合共生水平测度结果及分析

（1）数字经济与产业发展水平分析。

根据成渝地区双城经济圈数字经济与产业发展水平均值的变化情况来看，2011～2022年，成渝地区双城经济圈数字经济、服务业和制造业的发展水平均有所提升，服务业发展水平最高，数字经济次之。观测期内，服务业发展水平指数由2011年的0.2247提升至2022年的0.3319，具体而言，2011～2019年，服务业发展水平持续上升，由 2011 年的 0.2247 上升至 2019 年的 0.3432，2020 年后，服务业发展水平呈现下降趋势，由 2020 年的 0.3331 下降至 2022 年的 0.3319。相比而言，数字经济发展水平提升幅度最大，数字经济发展指数由 2011 年的 0.1506 提升至 2022 年的 0.3252。制造业发展水平相对较低，具体而言，2011～2018 年制造业发展水平提升较为缓慢，发展指数由 2011 年的 0.1576 提升至 2018 年的 0.2151，2019 年后，制造业发展水平快速提升，2022 年发展指数提升为 0.2888。图 5.1 展示了成渝地区双城经济圈数字经济与产业发展水平的总体变化趋势。

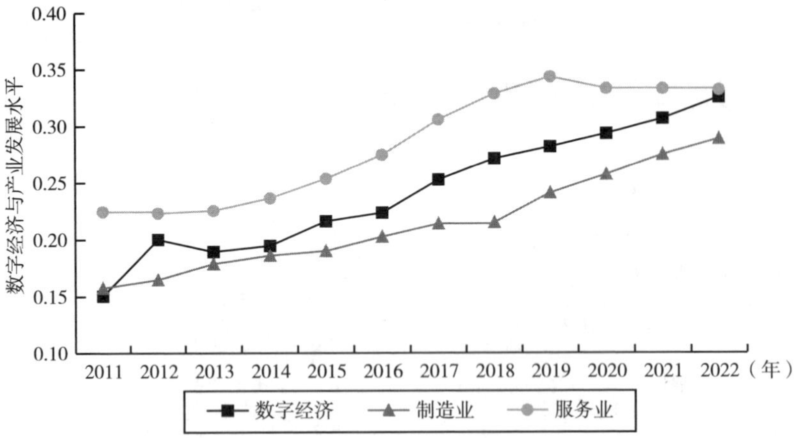

图 5.1　成渝地区双城经济圈数字经济与产业发展水平

图 5.2 展示了成渝地区双城经济圈各城市数字经济、服务业以及制造业发展水平的变化趋势。可以看出，成渝地区双城经济圈数字经济与产业发展水平呈现明显的空间分布不均衡特征，地区之间差异较大，位于城市群两极的成都和重庆数字经济与产业发展水平明显高于其他地区，除成都和重庆两个核心城市外，其他地区数字经济和产业发展水平介于 0.1～0.4，整体呈现“凹”形发展。重庆和成都作为直辖市和省会城市，对成渝地区双城经济圈中其他城市存在明显的“虹吸”效应，人才、技术、资源等向成都、重庆集聚，导致其他城市资源相对匮乏，发展滞后。

图 5.3～图 5.5 进一步展示了成渝地区双城经济圈数字经济、制造业和服务业发展水平的空间分布，较为直观地反映了成渝地区双城经济圈各城市数字经济、制造业以及服务业发展水平的空间差异情况。

图 5.3 展示了成渝地区双城经济圈数字经济发展水平的空间分布。总体而言，

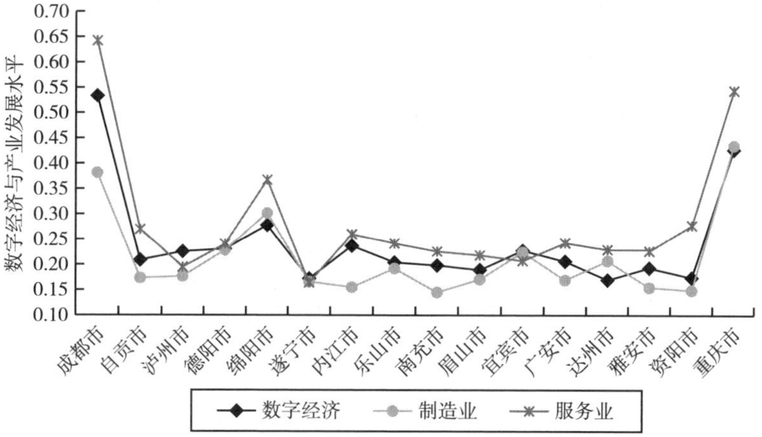

图 5.2　成渝地区双城经济圈各城市数字经济与产业发展水平

成渝地区双城经济圈中德阳市、内江市、绵阳市、重庆市、成都市数字经济发展水平较高，位居前五，而达州市、遂宁市、资阳市、眉山市、雅安市数字经济发展水平较为落后。可以看出，各城市数字经济发展水平差距较大，2022 年，成都市和重庆市数字经济发展水平分别为 0.7295 和 0.6393，而其余城市数字经济发展水平则位于 0.25 左右，与重庆、成都差距较大，数字经济发展呈现明显的空间不平衡性。

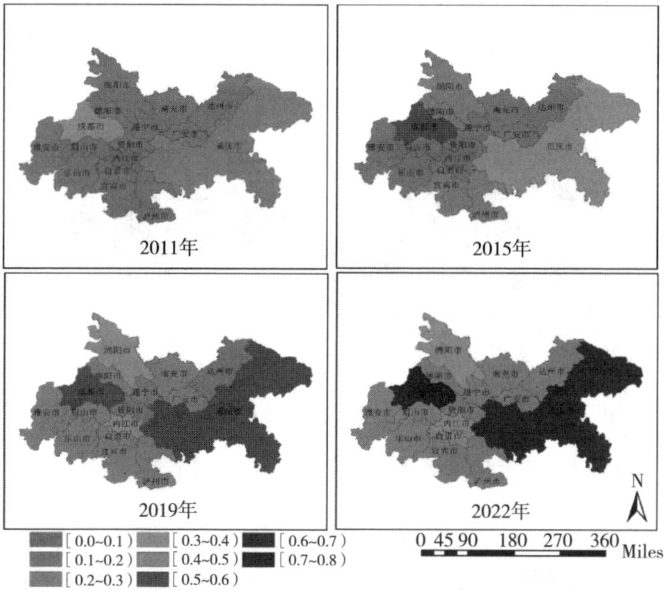

图 5.3　成渝地区双城经济圈数字经济发展水平的空间分布

从制造业发展水平来看，成渝地区双城经济圈中宜宾市、德阳市、绵阳市、成都市、重庆市的制造业发展水平较高，位居前五，而南充市、资阳市、雅安市、内江市、遂宁市的制造业发展水平相对较低。由图 5.4 可以看出，2011 年、2015 年、2019 年，成都市与重庆市制造业发展水平相近，2022 年重庆市制造业发展水平（0.6577）明显高于成都市（0.5403），重庆市制造业发展水平的提升得益于其依托长江经济带和西部陆海新通道，形成了较为完善的制造业产业链。同时，重庆市通过税收优惠、资金扶持等一系列优惠政策，吸引了大量制造业企业入驻，在人才储备和技术创新方面政策支持，也为制造业的发展提供了有力支撑。成渝地区双城经济圈各城市制造业发展水平差距较大，呈现“两端高中间低”的发展格局。图 5.4 具体展示了成渝地区双城经济圈制造业发展水平的空间分布情况。

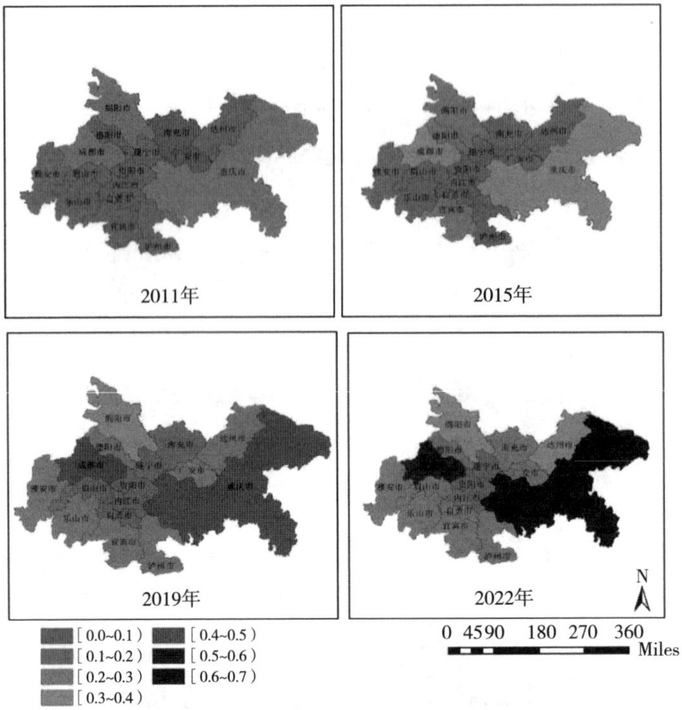

图 5.4　成渝地区双城经济圈制造业发展水平的空间分布

从服务业发展水平来看，同样呈现“两端高中间低”的发展格局，其中，自贡市、资阳市、绵阳市、重庆市、成都市的服务业发展水平位居前五，而遂宁市、泸州市、宜宾市、眉山市、南充市的服务业发展水平较为落后。从图

5.5 可以看出，成都市服务业发展水平始终位居第一，2022 年服务业发展水平达到 0.7218，重庆市为 0.6588。其余各城市服务业发展水平虽然有不同程度的提升，但与成都市、重庆市始终存在较大差距，2022 年其余各城市服务业发展指数基本在 0.3 左右。通过对 2019 年和 2022 年成渝地区双城经济圈服务业发展水平的比较分析，可以发现，整体而言各城市服务业发展水平提升较为缓慢，特别需要注意的是泸州市，服务业发展水平由 2019 年的 0.2525 下降至 2022 年的 0.1996。图 5.5 展示了成渝地区双城经济圈服务业发展水平的空间分布情况。

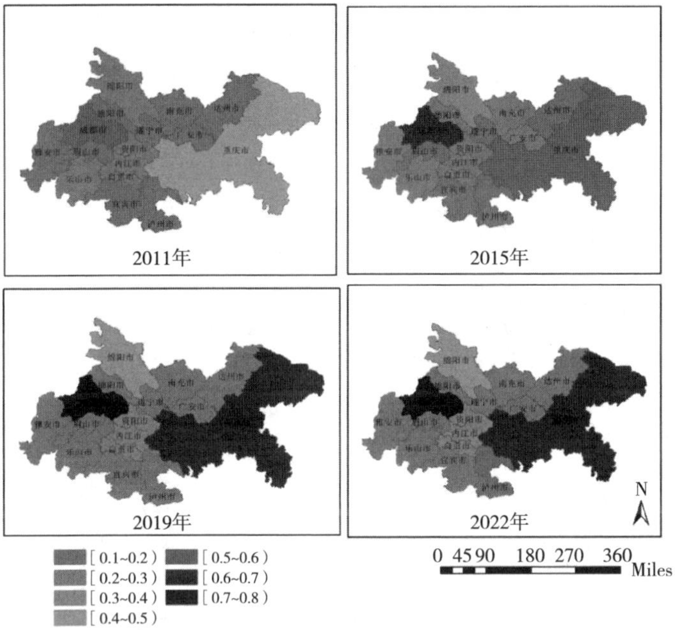

图 5.5　成渝地区双城经济圈服务业发展水平的空间分布

综上所述，成渝地区双城经济圈各城市中，成都市和重庆市的数字经济与产业发展水平显著高于其他城市，整体上均呈现“两端高中间低”的发展格局，各城市之间数字经济与产业发展均存在较大差距，其中，重庆市的制造业发展水平高于成都市，而成都市的数字经济和服务业发展水平高于重庆市。在推动成渝地区双城经济圈数字经济和产业发展的过程中，需要注重区域协调发展，加强各城市间的合作与联动，实现资源共享和优势互补。表 5.4 ~ 表 5.6 具体展示了 2011 ~ 2022 年成渝地区双城经济圈各城市数字经济、制造业和服务业发展指数。

表 5.4 成渝双城经济圈各城市数字经济发展水平测度结果

城市	2011 年	2012 年	2013 年	2014 年	2015 年	2016 年	2017 年	2018 年	2019 年	2020 年	2021 年	2022 年
成都市	0.3685	0.4119	0.4291	0.4492	0.5483	0.4876	0.5321	0.5773	0.5865	0.6102	0.6733	0.7295
自贡市	0.1052	0.1408	0.1558	0.1766	0.1872	0.1946	0.2096	0.2140	0.2714	0.2586	0.2840	0.3065
泸州市	0.1509	0.1869	0.1951	0.1911	0.2017	0.2201	0.2366	0.2509	0.2526	0.2588	0.2744	0.2884
德阳市	0.1440	0.2421	0.1793	0.2164	0.2227	0.2295	0.2603	0.2318	0.2648	0.2450	0.2627	0.2697
绵阳市	0.1635	0.2177	0.2191	0.2180	0.2297	0.2597	0.2851	0.3780	0.3091	0.3214	0.3514	0.3811
遂宁市	0.1081	0.1875	0.1323	0.1363	0.1468	0.1508	0.1658	0.1990	0.1932	0.1997	0.2173	0.2279
内江市	0.0876	0.1450	0.1423	0.1482	0.1900	0.1849	0.2747	0.2729	0.3203	0.4056	0.3226	0.3494
乐山市	0.1575	0.1851	0.1846	0.1738	0.1996	0.1872	0.2192	0.2292	0.2180	0.2225	0.2325	0.2404
南充市	0.1336	0.1764	0.1652	0.1474	0.1652	0.1804	0.1986	0.2089	0.2427	0.2743	0.2379	0.2482
眉山市	0.1123	0.1491	0.1569	0.1519	0.1419	0.1978	0.2312	0.2244	0.2146	0.2169	0.2310	0.2426
宜宾市	0.1647	0.1976	0.1900	0.1987	0.2201	0.2139	0.2335	0.2327	0.2479	0.2621	0.2775	0.2930
广安市	0.1276	0.1592	0.1603	0.1685	0.1787	0.1939	0.2041	0.2177	0.2394	0.2562	0.2749	0.2932
达州市	0.1123	0.1474	0.1595	0.1557	0.1715	0.1719	0.1869	0.1781	0.1749	0.1823	0.1926	0.2003
雅安市	0.1247	0.2129	0.0801	0.0989	0.1285	0.1634	0.2029	0.2406	0.2725	0.2469	0.2703	0.2764
资阳市	0.1228	0.1590	0.1639	0.1510	0.1602	0.1434	0.1797	0.1955	0.1899	0.1966	0.2082	0.2176
重庆市	0.2260	0.2847	0.3184	0.3332	0.3676	0.3992	0.4228	0.4915	0.5113	0.5367	0.5944	0.6393

表 5.5　　成渝地区双城经济圈各城市制造业发展水平测度结果

城市	2011 年	2012 年	2013 年	2014 年	2015 年	2016 年	2017 年	2018 年	2019 年	2020 年	2021 年	2022 年
成都市	0. 2611	0. 2778	0. 3026	0. 3194	0. 3134	0. 3530	0. 3817	0. 3816	0. 4461	0. 4812	0. 5165	0. 5403
自贡市	0. 1346	0. 1331	0. 1357	0. 1381	0. 1449	0. 1661	0. 1773	0. 1763	0. 1779	0. 2197	0. 2323	0. 2426
泸州市	0. 1507	0. 1385	0. 1414	0. 1370	0. 1487	0. 1607	0. 1739	0. 1788	0. 2106	0. 2176	0. 2265	0. 2323
德阳市	0. 1826	0. 1962	0. 2000	0. 1899	0. 2207	0. 2450	0. 2494	0. 2505	0. 2360	0. 2489	0. 2573	0. 2637
绵阳市	0. 2426	0. 2482	0. 2484	0. 2506	0. 2659	0. 2774	0. 3078	0. 3149	0. 3418	0. 3596	0. 3742	0. 3881
遂宁市	0. 1210	0. 1222	0. 1517	0. 1449	0. 1549	0. 1662	0. 1936	0. 1814	0. 1738	0. 1879	0. 1938	0. 1983
内江市	0. 1518	0. 1337	0. 1567	0. 1384	0. 1439	0. 1476	0. 1197	0. 1393	0. 1675	0. 1756	0. 1897	0. 1981
乐山市	0. 1143	0. 1213	0. 1612	0. 1767	0. 1827	0. 2070	0. 1950	0. 2158	0. 2245	0. 2235	0. 2362	0. 2473
南充市	0. 0870	0. 1027	0. 1068	0. 1208	0. 1184	0. 1361	0. 1566	0. 1623	0. 1749	0. 1856	0. 1866	0. 2003
眉山市	0. 1712	0. 1788	0. 1637	0. 1733	0. 1436	0. 1483	0. 1505	0. 1457	0. 1737	0. 1917	0. 2009	0. 2046
宜宾市	0. 1676	0. 2328	0. 1829	0. 2309	0. 2132	0. 2043	0. 2282	0. 2174	0. 2313	0. 2507	0. 2612	0. 2702
广安市	0. 0954	0. 0999	0. 1245	0. 1325	0. 1397	0. 1584	0. 1703	0. 1622	0. 2173	0. 2297	0. 2452	0. 2539
达州市	0. 1426	0. 1106	0. 2267	0. 1832	0. 1850	0. 1607	0. 2007	0. 1922	0. 2179	0. 2525	0. 2825	0. 3285
雅安市	0. 1077	0. 1121	0. 1019	0. 1221	0. 1238	0. 1321	0. 1511	0. 1494	0. 2120	0. 2064	0. 2228	0. 2139
资阳市	0. 1247	0. 1462	0. 1522	0. 1679	0. 1533	0. 1452	0. 1288	0. 1105	0. 1548	0. 1502	0. 1718	0. 1805
重庆市	0. 2673	0. 2843	0. 3053	0. 3529	0. 3890	0. 4330	0. 4398	0. 4636	0. 4955	0. 5354	0. 6001	0. 6577

表 5.6　　成渝地区双城经济圈各城市服务业发展水平测度结果

城市	2011 年	2012 年	2013 年	2014 年	2015 年	2016 年	2017 年	2018 年	2019 年	2020 年	2021 年	2022 年
成都市	0.5247	0.5559	0.5916	0.6182	0.6147	0.6252	0.6534	0.6821	0.7200	0.6872	0.7123	0.7218
自贡市	0.2246	0.2215	0.2207	0.2238	0.2300	0.2420	0.2858	0.3206	0.3178	0.3111	0.3194	0.3144
泸州市	0.1677	0.1606	0.1481	0.1511	0.1651	0.1755	0.2070	0.2287	0.2525	0.2375	0.2415	0.1996
德阳市	0.1908	0.1914	0.1809	0.1745	0.2126	0.2477	0.2565	0.2808	0.2814	0.2848	0.2863	0.2951
绵阳市	0.2818	0.2796	0.2789	0.2853	0.3357	0.3612	0.3895	0.4289	0.4483	0.4398	0.4399	0.4406
遂宁市	0.1248	0.1222	0.1004	0.0942	0.1039	0.1599	0.1881	0.2315	0.2260	0.2044	0.2077	0.2084
内江市	0.2204	0.2213	0.2173	0.2208	0.2284	0.2341	0.2596	0.2961	0.3090	0.2969	0.2965	0.3156
乐山市	0.2161	0.1932	0.1879	0.1900	0.2029	0.2264	0.2624	0.2879	0.2992	0.2916	0.2715	0.2729
南充市	0.1818	0.1933	0.1772	0.1887	0.2095	0.2388	0.2710	0.2725	0.2606	0.2486	0.2305	0.2374
眉山市	0.1526	0.1459	0.1526	0.1615	0.1779	0.1941	0.2485	0.2654	0.2862	0.2779	0.2803	0.2782
宜宾市	0.1514	0.1431	0.1407	0.1639	0.1774	0.2088	0.2324	0.2384	0.2595	0.2668	0.2494	0.2540
广安市	0.1853	0.1824	0.1985	0.2104	0.2183	0.2304	0.2592	0.2751	0.2974	0.2942	0.2741	0.2887
达州市	0.1711	0.1651	0.1640	0.1769	0.1937	0.2273	0.2711	0.2907	0.3000	0.2793	0.2582	0.2541
雅安市	0.1785	0.1409	0.1657	0.1778	0.2044	0.2192	0.2559	0.2676	0.2939	0.2840	0.2878	0.2418
资阳市	0.2071	0.2174	0.2191	0.2346	0.2575	0.2628	0.3003	0.3214	0.3297	0.3148	0.3355	0.3288
重庆市	0.4158	0.4391	0.4668	0.5122	0.5253	0.5421	0.5513	0.5680	0.6093	0.6105	0.6345	0.6588

参考陈子曦（2022）的区域划分，将成渝地区双城经济圈划分的重庆、成都平原城市群、川南城市群、川东北城市群四个区域。通过比较可以发现，重庆数字经济、服务业和制造业发展水平在四个区域中均位居第一，其次为成都平原城市群，然后为川南城市群、川东北城市群。具体而言，2011 ~ 2022 年，重庆数字经济发展指数均值为 0.4217，远高于成都平原城市群（0.2468）、川南城市群（0.2247）和川东北城市群（0.1913）。观察期内，各区域数字经济发展水平均有不同程度的提升，重庆、成都平原城市群、川南城市群、川东北城市群数字经济发展指数分别由 2011 年的 0.2260、0.1627、0.1271、0.1245 上升至 2022 年的 0.6393、0.3232、0.3093、0.2472，重庆数字经济发展水平提升最快，且与其他区域的发展差距不断扩大。表 5.7 展示了成渝双城经济圈各区域数字经济发展水平的具体情况。

表 5.7　　成渝双城经济圈各区域数字经济发展水平情况

年份	成都平原城市群	川南城市群	川东北城市群	重庆
2011	0.1627	0.1271	0.1245	0.2260
2012	0.2206	0.1676	0.1610	0.2847
2013	0.1932	0.1708	0.1617	0.3184
2014	0.1994	0.1786	0.1572	0.3332
2015	0.2222	0.1998	0.1718	0.3676
2016	0.2274	0.2034	0.1821	0.3992
2017	0.2595	0.2386	0.1966	0.4228
2018	0.2845	0.2426	0.2016	0.4915
2019	0.2810	0.2731	0.2190	0.5113
2020	0.2824	0.2963	0.2376	0.5367
2021	0.3058	0.2896	0.2351	0.5944
2022	0.3232	0.3093	0.2472	0.6393
均值	0.2468	0.2247	0.1913	0.4217
均值排名	第 2 名	第 3 名	第 4 名	第 1 名

从制造业发展水平来看，各区域也存在较大差异。2011 ~ 2022 年，重庆制造业发展指数均值为 0.4353，远高于成都平原城市群（0.2179）、川南城市群（0.1823）和川东北城市群（0.1736）。观察期内，各区域制造业发展水平

均有不同程度的提升，重庆、成都平原城市群、川南城市群、川东北城市群数字经济发展指数分别由 2011 年的 0.2673、0.1656、0.1512、0.1083 上升至 2022 年的 0.6577、0.2796、0.2358、0.2609，重庆制造业发展水平提升最快，其次为川东北城市群，重庆与其他区域制造业的发展差距同样呈现出扩大趋势。表 5.8 展示了成渝双城经济圈各区域制造业发展水平的具体情况。

表 5.8　　成渝双城经济圈各区域制造业发展水平情况

年份	成都平原城市群	川南城市群	川东北城市群	重庆
2011	0.1656	0.1512	0.1083	0.2673
2012	0.1753	0.1595	0.1044	0.2843
2013	0.1852	0.1542	0.1527	0.3053
2014	0.1931	0.1611	0.1455	0.3529
2015	0.1948	0.1627	0.1477	0.3890
2016	0.2093	0.1697	0.1517	0.4330
2017	0.2197	0.1748	0.1759	0.4398
2018	0.2187	0.1780	0.1722	0.4636
2019	0.2453	0.1968	0.2034	0.4955
2020	0.2562	0.2159	0.2226	0.5354
2021	0.2717	0.2274	0.2381	0.6001
2022	0.2796	0.2358	0.2609	0.6577
均值	0.2179	0.1823	0.1736	0.4353
均值排名	第 2 名	第 3 名	第 4 名	第 1 名

从服务业发展水平来看，2011～2022 年，重庆服务业发展指数均值最高，为 0.5445，远高于成都平原城市群（0.2973）、川南城市群（0.2327）和川东北城市群（0.2327）。观察期内，各区域服务业发展水平均有不同程度的提升，重庆、成都平原城市群、川南城市群、川东北城市群数字经济发展指数分别由 2011 年的 0.4158、0.2345、0.1910、0.1794 上升至 2022 年的 0.6588、0.3484、0.2709、0.2601，重庆服务业发展水平提升最快，其次为成都平原城市群，重庆与其他区域服务业的发展差距同样呈现扩大趋势。表 5.9 展示了成渝双城经济圈各区域服务业发展水平的具体情况。

表 5.9 成渝地区双城经济圈各区域服务业发展水平情况

年份	成都平原城市群	川南城市群	川东北城市群	重庆
2011	0.2345	0.1910	0.1794	0.4158
2012	0.2308	0.1866	0.1803	0.4391
2013	0.2346	0.1817	0.1799	0.4668
2014	0.2420	0.1899	0.1920	0.5122
2015	0.2637	0.2002	0.2072	0.5253
2016	0.2870	0.2151	0.2322	0.5421
2017	0.3193	0.2462	0.2671	0.5513
2018	0.3457	0.2710	0.2794	0.5680
2019	0.3606	0.2847	0.2860	0.6093
2020	0.3481	0.2781	0.2740	0.6105
2021	0.3527	0.2767	0.2543	0.6345
2022	0.3484	0.2709	0.2601	0.6588
均值	0.2973	0.2327	0.2327	0.5445
均值排名	第 2 名	第 3 名	第 3 名	第 1 名

综上所述，成渝地区双城经济圈各区域数字经济及产业发展水平存在较大差异，重庆市数字经济、服务业和制造业发展水平均高于其他区域，且提升速度最快，与其他各区域的发展差距不断扩大。应加强区域间的交流与合作，加大对数字经济和产业发展欠发达区域的支持力度，通过政策引导、资金投入等方式，缩小区域发展差距，推动成渝地区双城经济圈各区域数字经济及产业发展水平协同提升。

（2）数字经济与产业融合共生水平分析。

测算得出 2011～2022 年成渝地区双城经济圈数字经济与产业融合共生协调度，测度结果如表 5.10 所示。可以看出，2011～2022 年，成渝地区双城经济圈数字经济与产业融合共生水平不断提升，融合共生协调度由 2011 年的 0.4066 上升至 2022 年的 0.5502。2018 年，数字经济与产业融合共生协调度突破 0.5，进入初级融合共生阶段，但整体而言，成渝地区双城经济圈数字经济与产业融合共生水平仍然较低，具有较大改善空间。

表 5.10　　成渝地区双城经济圈数字经济与产业融合共生协调度测度结果

年份	数字经济与产业融合共生协调度	等级	区间
2011	0.4066	濒临失调	无融合共生
2012	0.4328	濒临失调	无融合共生
2013	0.4330	濒临失调	无融合共生
2014	0.4409	濒临失调	无融合共生
2015	0.4565	濒临失调	无融合共生
2016	0.4714	濒临失调	无融合共生
2017	0.4956	濒临失调	无融合共生
2018	0.5080	勉强协调	初级融合共生
2019	0.5250	勉强协调	初级融合共生
2020	0.5315	勉强协调	初级融合共生
2021	0.5410	勉强协调	初级融合共生
2022	0.5502	勉强协调	初级融合共生

5.2.2　数字经济与产业融合共生水平空间特征分析

（1）区域特征分析。

成渝地区双城经济圈内各城市数字经济与产业融合共生水平差异较大，数字经济与产业融合共生水平具有明显的区域差异性，进一步对成渝地区双城经济圈数字经济与产业融合共生水平的区域特征进行分析。表 5.11 展示了成渝地区双城经济圈各城市数字经济与产业融合共生协调度的均值，可以发现，成渝地区双城经济圈内大部分城市数字经济与产业融合共生水平较低，融合共生协调度均值尚未突破 0.5，推动数字经济与产业融合发展的任务仍然较为艰巨。具体而言，各城市融合共生协调度均值介于 0.4061 ~ 0.7098，其中，成都市（0.7098）、重庆市（0.6739）、绵阳市（0.5532）数字经济与产业融合共生协调度均值大于 0.5，处于初级融合共生和中级融合共生阶段，其余城市数字经济与产业融合共生协调度均值均小于 0.4，尚未进入融合共生发展阶段。数字经济与产业融合共生协调度最大值 0.7098（成都市）与最小值 0.4061（遂宁市）相差 1.75 倍，区域差异明显。

表 5.11 各城市数字经济与产业融合共生协调度均值

城市	数字经济与产业融合共生协调度均值	协调度均值排名	等级	区间
成都市	0.7098	第 1 名	中级协调	中级融合共生
重庆市	0.6739	第 2 名	初级协调	初级融合共生
绵阳市	0.5532	第 3 名	勉强协调	初级融合共生
德阳市	0.4807	第 4 名	濒临失调	无融合共生
宜宾市	0.4671	第 5 名	濒临失调	无融合共生
自贡市	0.4577	第 6 名	濒临失调	无融合共生
乐山市	0.4570	第 7 名	濒临失调	无融合共生
内江市	0.4563	第 8 名	濒临失调	无融合共生
广安市	0.4477	第 9 名	濒临失调	无融合共生
泸州市	0.4457	第 10 名	濒临失调	无融合共生
达州市	0.4406	第 11 名	濒临失调	无融合共生
资阳市	0.4346	第 12 名	濒临失调	无融合共生
眉山市	0.4341	第 13 名	濒临失调	无融合共生
南充市	0.4300	第 14 名	濒临失调	无融合共生
雅安市	0.4290	第 15 名	濒临失调	无融合共生
遂宁市	0.4061	第 16 名	濒临失调	无融合共生

表 5.12 进一步展示了成渝地区双城经济圈各城市数字经济与产业融合共生协调度的测度结果。可以发现，2011～2022 年，成渝地区双城经济圈各城市数字经济与产业融合共生水平不断提升，重庆市数字经济与产业融合共生协调度提升最快，由 2011 年的 0.5343 提升至 2022 年的 0.8066，提升了 0.2723；其次为成都市，由 2011 年的 0.6066 提升至 2022 年的 0.8150，提升了 0.2084。2022 年，成都市、重庆市、绵阳市、自贡市、内江市、广安市、德阳市、宜宾市和乐山市 9 个城市的数字经济与产业融合共生协调度超过了 0.5，进入融合共生发展阶段，其中，成都市（0.8150）和重庆市（0.8066）数字经济与产业融合共生协调度超过了 0.8，处于中级融合共生中的良好协调阶段，绵阳市（0.6326）数字经济与产业融合共生协调度超过了 0.6，处于初级融合共生中的初级协调阶段。

表 5.12　各城市数字经济与产业融合共生水平测度结果

城市	2011 年	2012 年	2013 年	2014 年	2015 年	2016 年	2017 年	2018 年	2019 年	2020 年	2021 年	2022 年
成都市	0.6066	0.6315	0.6511	0.6668	0.6915	0.6896	0.7148	0.7312	0.7573	0.7670	0.7949	0.8150
绵阳市	0.4660	0.4941	0.4946	0.4965	0.5187	0.5407	0.5660	0.6094	0.5968	0.6044	0.6189	0.6326
德阳市	0.4103	0.4603	0.4310	0.4417	0.4680	0.4893	0.5058	0.5013	0.5103	0.5075	0.5176	0.5246
乐山市	0.3959	0.4061	0.4221	0.4235	0.4419	0.4520	0.4725	0.4908	0.4917	0.4915	0.4947	0.5019
遂宁市	0.3417	0.3810	0.3560	0.3522	0.3665	0.3975	0.4248	0.4500	0.4428	0.4444	0.4551	0.4613
雅安市	0.3642	0.3942	0.3273	0.3546	0.3819	0.4087	0.4457	0.4634	0.5083	0.4938	0.5097	0.4959
资阳市	0.3796	0.4124	0.4180	0.4218	0.4266	0.4152	0.4343	0.4353	0.4581	0.4560	0.4754	0.4819
眉山市	0.3740	0.3954	0.3970	0.4012	0.3903	0.4247	0.4553	0.4547	0.4681	0.4743	0.4843	0.4899
南充市	0.3581	0.3920	0.3844	0.3864	0.4001	0.4241	0.4501	0.4575	0.4738	0.4866	0.4681	0.4792
广安市	0.3610	0.3792	0.3977	0.4090	0.4195	0.4381	0.4554	0.4618	0.4980	0.5083	0.5151	0.5287
达州市	0.3701	0.3738	0.4227	0.4122	0.4266	0.4278	0.4620	0.4593	0.4689	0.4783	0.4860	0.4998
宜宾市	0.4018	0.4336	0.4142	0.4427	0.4520	0.4576	0.4812	0.4792	0.4961	0.5099	0.5138	0.5235
泸州市	0.3946	0.4041	0.4039	0.4016	0.4164	0.4327	0.4553	0.4695	0.4890	0.4893	0.4993	0.4921
自贡市	0.3773	0.3979	0.4070	0.4193	0.4291	0.4449	0.4673	0.4768	0.5000	0.5099	0.5261	0.5365
内江市	0.3701	0.4005	0.4078	0.4042	0.4294	0.4303	0.4579	0.4771	0.5102	0.5359	0.5176	0.5343
重庆市	0.5343	0.5690	0.5935	0.6209	0.6450	0.6696	0.6806	0.7101	0.7305	0.7466	0.7797	0.8066

进一步绘制成渝地区双城经济圈数字经济与产业融合共生水平空间分布图。由图5.6可以看出，2011～2022年，成都、重庆两个核心城市与其他城市数字经济与产业融合共生发展水平之间的差距逐渐拉大，特别是2015年以后，各地政府相继出台鼓励数字经济发展的相关政策，成都和重庆两地的资源集聚优势逐渐显现，进一步加大了区域发展的不平衡性。从城市维度来看，各城市数字经济与产业融合共生水平变化的特征不同，如成都市经历了“初级协调—中级协调—良好协调”的发展过程，重庆市经历了“勉强协调—初级协调—中级协调—良好协调”的跃进过程，雅安市则经历了“轻度失调—勉强协调—濒临失调”的先增后减过程，绵阳市和德阳市数字经济与产业融合共生发展水平分别进入了初级协调与勉强协调阶段。从区域维度来看，成都平原城市群内部各城市数字经济与产业融合共生水平差异逐渐扩大，成都市为良好协调，而其余城市仍处于濒临失调或勉强协调的边界；川东北城市群数字经济与产业融合共生水平总体较低，长期处于濒临失调的边界；川南城市群数字经济与产业融合共生水平逐渐提升，大部分城市从濒临失调逐渐转变为勉强协调；重庆市数字经济与产业融合共生水平呈现循序渐进的发展过程，从勉强协调阶段逐渐向初级协调、中级协调、良好协调阶段发展。

总体而言，成渝地区双城经济圈数字经济与产业融合共生水平呈现“两核凸起，中间塌陷”的空间分布格局，高值区以成都、重庆为核心向外围区不同程度扩散，影响范围逐渐增大，呈现较为明显的地域分异特征。这种地域分异特征在一定程度上制约了成渝地区双城经济圈数字经济与产业融合共生水平的整体提升。为了推动成渝地区双城经济圈数字经济与产业融合共生的均衡发展，需要进一步加强核心城市与外围区域的联系与合作，强化区域互动与联动，以实现成渝地区双城经济圈数字经济与产业融合的共同繁荣与发展。图5.6展示了成渝地区双城经济圈数字经济与产业融合共生水平的空间分布情况。

为进一步探究成渝地区双城经济圈数字经济与产业融合共生水平的区域特征，表5.13进一步展示了成渝地区双城经济圈四大区域数字经济与产业融合共生协调度的测算结果，以便于更为直观地反映成渝地区双城经济圈数字经济与产业融合共生水平的区域差异。

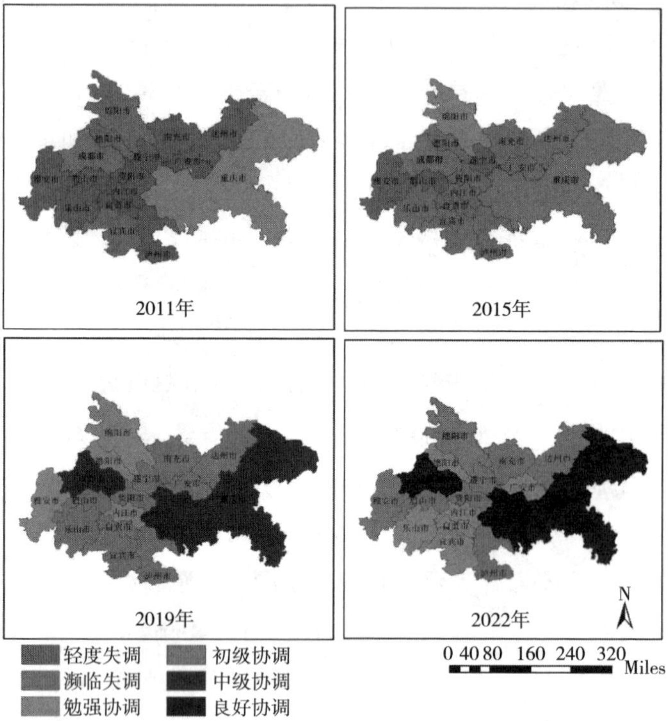

图 5.6 成渝地区双城经济圈数字经济与产业融合共生水平的空间分布

由表 5.13 可以看出，2011 ~2022 年，重庆市数字经济与产业融合共生水平整体较高，其次为成都平原城市群，川东北城市群数字经济与产业融合共生水平相对较低。具体而言，重庆市数字经济与产业融合共生协调度逐年上升，从 2011 年的 0.5343 上升至 2022 年的 0.8066，经历了从勉强协调到初级协调再到中级协调、良好协调的过程，且数字经济与产业融合共生协调度始终高于同时期其他区域，已进入中级融合共生的良好协调阶段；成都平原城市群数字经济与产业融合共生协调度由 2011 年的 0.4271 提升至 2022 年的 0.5625，数字经济与产业融合共生水平从濒临失调发展为勉强协调，已进入初级融合共生阶段，虽然近年来成都平原城市群在推动数字经济与产业融合共生发展方面取得一定成效，但区域整体融合共生水平仍然较低；川南城市群数字经济与产业融合共生协调度从 2011 年的 0.3891 提升到 2022 年的 0.5235，经历了“轻度失调—濒临失调—勉强协调”的发展过程，2019 年数字经济与产业融合共生协调度突破 0.5，进入初级融合共生阶段；川东北城市群数字经济与产业融合共生发展水平较低，数字经济与产业融合共生协调度由 2011 年的 0.3647 上升至 2022 年的 0.5051，经历了“轻度失调—濒临失调—勉强协调”的发展过程，数字经济与产业融合共生协调度在 2022 年刚刚突破 0.5，进入初级融合共生阶段，数字经济与产业融合共生发展水平与重庆、成都平原城市群相比仍存在加大差距。成渝地区双城经济圈各区域数字经济与产业融合共生协调度的变化过程如图 5.7 所示。

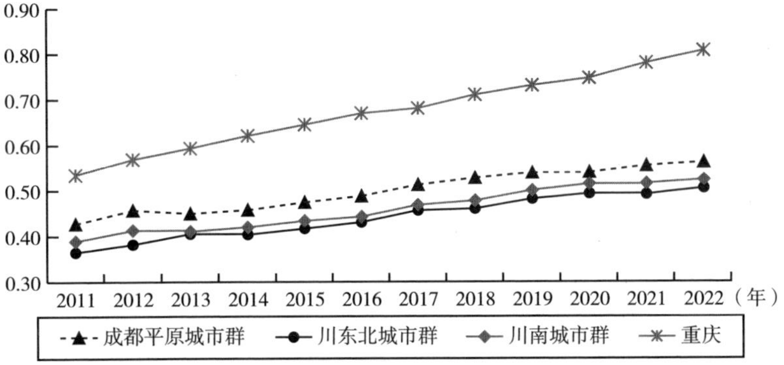

图 5.7　成渝地区双城经济圈各区域数字经济与产业融合共生协调度的演变

从数字经济与产业融合共生水平排名来看，观测期间，重庆和成都平原城市群始终位居前二。重庆数字经济与产业融合共生协调度均值为 0.6739，且各年数字经济与产业融合共生协调度值始终保持在 0.5 以上，高于其他三个区域；成都平原城市群、川东北城市群及川南城市群的数字经济与产业融合共生协调度均值分别为 0.4991、0.4408、0.4590，与重庆存在较大差距。成渝地区双城经济圈各区域数字经济与产业融合共生协调度均值及排名情况见表 5.13。

（2）空间特征分析。

①数字经济与产业融合共生水平分布动态特征分析。

进一步分析成渝地区双城经济圈数字经济与产业融合共生水平的分布动态和变化趋势，图 5.8 展示了成渝地区双城经济圈及各区域数字经济与产业融合共生水平核密度估计。

表 5.13　**成渝双城经济圈各区域数字经济与产业融合共生协调度测算结果**

年份	成都平原城市群			川南城市群			川东北城市群			重庆		
	D	等级	区间	D	等级	区间	D	等级	区间	D	等级	区间
2011	0.4271	濒临失调	无融合共生	0.3891	轻度失调	无融合共生	0.3647	轻度失调	无融合共生	0.5343	勉强协调	初级融合共生
2012	0.4568	濒临失调	无融合共生	0.4129	濒临失调	无融合共生	0.3820	轻度失调	无融合共生	0.5690	勉强协调	初级融合共生
2013	0.4496	濒临失调	无融合共生	0.4107	濒临失调	无融合共生	0.4050	濒临失调	无融合共生	0.5935	勉强协调	初级融合共生
2014	0.4574	濒临失调	无融合共生	0.4199	濒临失调	无融合共生	0.4037	濒临失调	无融合共生	0.6209	初级协调	初级融合共生
2015	0.4740	濒临失调	无融合共生	0.4335	濒临失调	无融合共生	0.4165	濒临失调	无融合共生	0.6450	初级协调	初级融合共生
2016	0.4875	濒临失调	无融合共生	0.4425	濒临失调	无融合共生	0.4303	濒临失调	无融合共生	0.6696	初级协调	初级融合共生
2017	0.5123	勉强协调	初级融合共生	0.4682	濒临失调	无融合共生	0.4562	濒临失调	无融合共生	0.6806	初级协调	初级融合共生
2018	0.5275	勉强协调	初级融合共生	0.4777	濒临失调	无融合共生	0.4601	濒临失调	无融合共生	0.7101	中级协调	中级融合共生
2019	0.5389	勉强协调	初级融合共生	0.5004	勉强失调	初级融合共生	0.4815	濒临失调	无融合共生	0.7305	中级协调	中级融合共生
2020	0.5402	勉强协调	初级融合共生	0.5141	勉强失调	初级融合共生	0.4930	濒临失调	无融合共生	0.7466	中级协调	中级融合共生
2021	0.5549	勉强协调	初级融合共生	0.5154	勉强失调	初级融合共生	0.4916	濒临失调	无融合共生	0.7797	中级协调	中级融合共生
2022	0.5625	勉强协调	初级融合共生	0.5235	勉强失调	初级融合共生	0.5051	勉强协调	初级融合共生	0.8066	良好协调	中级融合共生
均值	0.4991			0.4408			0.4590			0.6739		
排名	第 2 名			第 4 名			第 3 名			第 1 名		

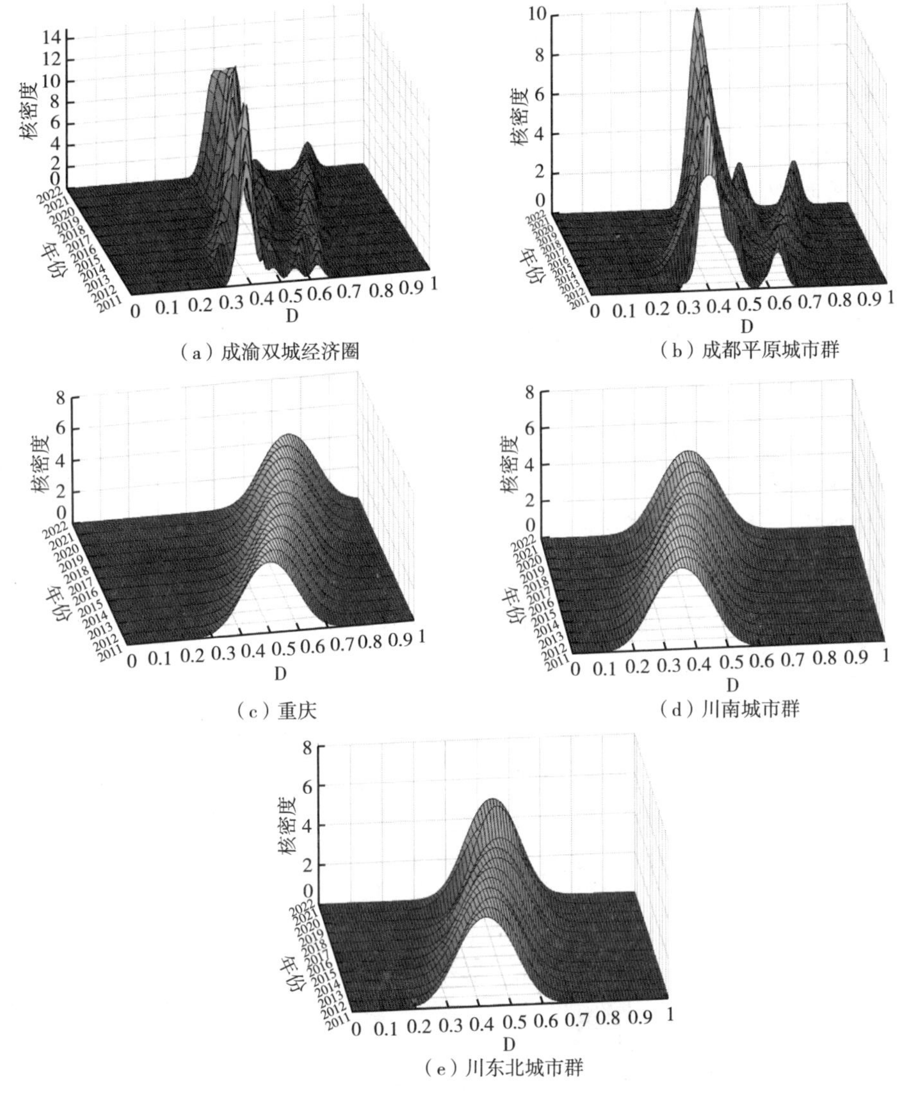

（a）成渝双城经济圈
（b）成都平原城市群
（c）重庆
（d）川南城市群
（e）川东北城市群

图 5.8　成渝双城经济圈及各区域数字经济与产业融合共生水平的分布动态

图 5.8（a）描绘了成渝地区双城经济圈数字经济与产业融合共生水平的分布动态情况。从波峰的移动来看，成渝地区双城经济圈数字经济与产业融合共生水平动态分布主峰位置不断向右移动，表明成渝地区双城经济圈数字经济与产业融合共生水平不断提升；主峰高度总体上升，宽度变宽，表明成渝地区双城经济圈内部数字经济与产业融合共生水平的离散程度不断上升，区域差异

不断扩大；存在侧峰并且距离较远，表明存在极化现象。

图 5.8（b）~（e）分别展示了成渝地区双城经济圈内各区域数字经济与产业融合共生水平的分布动态。从分布位置来看，各区域分布曲线主峰均呈现右移动趋势，表明各区域数字经济与产业融合共生水平不断提升，特别是重庆地区右移较为明显，融合共生水平增速较快；从延展性来看，各区域均存在明显的拖尾现象，表明数字经济与产业融合共生水平高的城市与低水平城市间的差异不断扩大。具体来看，成都平原城市群呈现“双峰”特征，且双峰的间隔较大，主峰位于 0.4 左右，侧峰位于 0.65 左右，说明成都平原城市群存在较为明显的极化现象；重庆地区主峰高度上升速度较快，右移明显，说明重庆数字经济与产业融合共生水平不断提升且增速较快；川南城市群只有一个主峰且位置相对较稳，处于 0.3～0.4，变化不大，主峰高度不断上升，表明川南城市群数字经济与产业融合共生水平不断上升；川东北城市群只有一个主峰且位置较为稳定，波峰位置位于 0.4 左右且较为稳定，出现右拖尾，呈收敛趋势。成渝地区双城经济圈及各区域数字经济与产业融合共生水平的分布动态演变特征具体见表 5.14。

表 5.14　成渝地区双城经济圈及各区域数字经济与产业融合共生水平分布动态演变特征

区域	分布位置	分布形态	分布延展性	波峰数量
成渝地区双城经济圈	中心右移	高度上升、宽度变大	右拖尾，延展拓宽	双峰或多峰
成都平原城市群	中心右移	高度上升，宽度变大	右拖尾，延展拓宽	双峰
重庆	中心右移	高度上升，宽度变大	右拖尾，延展拓宽	单峰
川南城市群	中心右移	高度上升，宽带变大	右拖尾，延展拓宽	单峰
川东北城市群	中心右移	高度上升，宽度变小	右拖尾，延展收敛	单峰

②数字经济与产业融合共生水平的空间差异分解。

图 5.9 展示了成渝地区双城经济圈及各区域数字经济与产业融合共生水平基尼系数的演变趋势。从成渝地区双城经济圈整体来看，观测期内，数字经济与产业融合共生水平的总体差异呈现震荡上升趋势，总体差异有所扩大。数字经济与产业融合共生水平的基尼系数介于 0.078～0.095，在 2015 年达到最大值 0.095。具体来看，成渝地区双城经济圈数字经济与产业融合共生水平基尼

系数从 2011 年的 0.074 上升至 2015 年的 0.095，下降至 2017 年的 0.076 后再次呈现上升趋势，2022 年为 0.087，基尼系数总体呈现上升趋势，表明成渝地区双城经济圈数字经济与产业融合共生水平差异逐渐扩大。

从各区域来看，成都平原城市群和川南城市群数字经济与产业融合共生水平的基尼系数总体呈现波动上升趋势，基尼系数分别由 2011 年的 0.078、0.010 上升至 2022 年的 0.099、0.017，区域内差异不断扩大。相比而言，川东北城市群数字经济与产业融合共生水平的基尼系数呈现波动下降趋势，由 2011 年的 0.029 下降至 2022 年的 0.017，区域内差异不断缩小。总体而言，成都平原城市群数字经济与产业融合共生水平的基尼系数较大，表明成都平原城市群内数字经济与产业融合共生水平的不均衡情况远大于川东北城市群和川南城市群，这与成都市作为省会城市的极化效应密不可分。

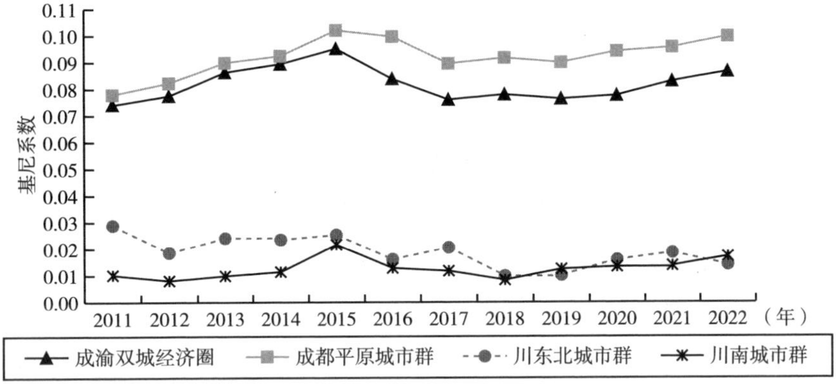

图 5.9 成渝地区双城经济圈及各区域数字经济与产业融合共生水平基尼系数演变趋势

图 5.10 展示了成渝地区双城经济圈数字经济与产业融合共生水平的区域间差异情况。从各区域间差异的变化趋势来看，成都平原城市群—重庆、成都平原城市群—川南城市群、成都平原城市群—川东北城市群、重庆—川南城市群、重庆—川东北城市群的区域间差异均呈现扩大趋势，川东北城市群—川南城市群的区域间差异则呈现下降趋势。从区域间差异的绝对数值来看，成都平原城市群—重庆、成都平原城市群—川南城市群、成都平原城市群—川东北城市群的差异较大，观测期内均值分别为 0.210、0.189、0.167。可以看出，观测期内，成渝地区双城经济圈数字经济与产业融合共生水平的区域间

差异整体呈现扩大趋势，特别是高水平区域与低水平区域之间的差距扩大明显。

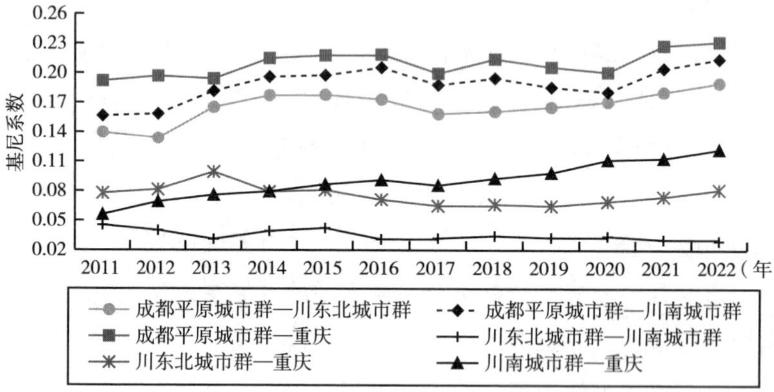

图 5.10　成渝地区双城经济圈数字经济与产业融合共生水平的区域间差异

差异来源贡献度的变化反映了数字经济与产业融合共生水平差异产生机制的变化，通过对差异来源贡献度的分析，可以更好地探究成渝地区双城经济圈数字经济与产业融合共生水平差异的原因和演变规律。如表 5.15 所示，观察期内，成渝地区双城经济圈数字经济与产业融合共生水平的区域内差异、区域间差异以及超变密度贡献率均值分别为 30.50%、52.96%、16.55%，表明区域间差异是成渝地区双城经济圈数字经济与产业融合共生水平总体差异的主要来源。具体而言，2011～2022 年，成渝地区双城经济圈数字经济与产业融合共生水平的区域间差异贡献率介于 46.16%～61.22.87%，总体呈现下降趋势，区域间差异有所缩小；区域内差异贡献率介于 29.38%～32.40%，区域内差异整体呈现缩小趋势；超变密度贡献率介于 8.64%～23.47%，呈现波动上升趋势，表明数字经济与产业融合共生水平较高的区域，其内部融合共生程度较低城市的数字经济与产业融合共生水平可能低于融合共生水平较低区域中融合共生程度较高城市的数字经济与产业融合共生水平，并且这种交叉重叠现象日益突出。成渝地区双城经济圈数字经济与产业融合共生发展过程中，应重点关注各区域间的发展差异，加强区域间的协调与合作，实现优势互补，共同发展。

表 5.15　成渝地区双城经济圈及各区域数字经济与产业融合共生水平区域差异来源分解

年份	区域内	贡献率（%）	区域间	贡献率（%）	超变密度	贡献率（%）
2011	0.025	31.19	0.045	56.83	0.009	11.98
2012	0.023	30.13	0.047	61.22	0.007	8.64
2013	0.027	32.40	0.040	46.16	0.018	21.44
2014	0.028	31.48	0.044	49.17	0.017	19.35
2015	0.028	31.18	0.045	49.48	0.017	19.34
2016	0.025	30.28	0.046	55.18	0.012	14.54
2017	0.023	30.70	0.043	56.25	0.010	13.05
2018	0.023	29.68	0.047	59.87	0.008	10.45
2019	0.022	30.06	0.041	53.95	0.012	15.98
2020	0.023	29.99	0.036	46.54	0.018	23.47
2021	0.025	29.50	0.046	55.35	0.013	15.16
2022	0.025	29.38	0.045	52.49	0.016	18.14

5.2.3　数字经济与产业融合共生水平产业差异分析

从产业层面来看，成渝地区双城经济圈数字经济与制造业、服务业的融合共生协调度逐步提升，均处于初级融合共生阶段。具体而言，2011～2022 年，成渝地区双城经济圈数字经济与制造业的融合共生水平由 2011 年的 0.3844 上升至 2022 年的 0.5459，上升幅度为 42.00%，数字经济与制造业的融合共生水平不断提升，经历了由轻度失调到濒临失调再到勉强协调的发展过程，并在 2019 年进入初级融合共生发展阶段。与此同时，数字经济与服务业融合共生水平由 2011 年的 0.4121 上升至 2022 年的 0.5613，上升幅度为 36.20%，数字经济与服务业融合共生水平同样呈现上升趋势，经历了由濒临失调到勉强协调的发展过程，并在 2017 年进入初级共生发展阶段。可以发现，成渝地区双城经济圈数字经济与服务业的融合共生水平整体高于数字经济与制造业的融合共生水平，虽然数字经济与制造业和服务业的融合共生水平总体均呈现不断提升的发展态势，但整体而言，数字经济与制造业和服务业的融合共生水平仍然较低，具有较大的提升空间。表 5.16 具体展示了成渝地区双城经济圈数字经济与制造业、服务业融合共生协调度的测算结果。

表 5.16　　成渝地区双城经济圈数字经济与制造业、服务业融合共生协调度测算结果

年份	数字经济与制造业融合共生协调度			数字经济与服务业融合共生协调度		
	D^{EM}	等级	区间	D^{ES}	等级	区间
2011	0.3844	轻度失调	无融合共生	0.4121	濒临失调	无融合共生
2012	0.4238	濒临失调	无融合共生	0.4487	濒临失调	无融合共生
2013	0.4229	濒临失调	无融合共生	0.4401	濒临失调	无融合共生
2014	0.4297	濒临失调	无融合共生	0.4476	濒临失调	无融合共生
2015	0.4444	濒临失调	无融合共生	0.4688	濒临失调	无融合共生
2016	0.4558	濒临失调	无融合共生	0.4838	濒临失调	无融合共生
2017	0.4780	濒临失调	无融合共生	0.5144	勉强协调	初级融合共生
2018	0.4878	濒临失调	无融合共生	0.5327	勉强协调	初级融合共生
2019	0.5058	勉强协调	初级融合共生	0.5436	勉强协调	初级融合共生
2020	0.5183	勉强协调	初级融合共生	0.5461	勉强协调	初级融合共生
2021	0.5325	勉强协调	初级融合共生	0.5527	勉强协调	初级融合共生
2022	0.5459	勉强协调	初级融合共生	0.5613	勉强协调	初级融合共生

将成渝地区双城经济圈数字经济与制造业、服务业以及产业的融合共生协调度进行比较，如图 5.11 所示，可以发现，观测期内，成渝地区双城经济圈数字经济与服务业的融合共生水平最高，数字经济与服务业的融合共生协调度值为 0.4960，高于数字经济与产业的融合共生协调度均值（0.4827）和数字经济与制造业的融合共生协调度均值（0.4691）。数字经济与制造业的融合共生发展水平相对滞后，成为阻碍成渝地区双城经济圈数字经济与产业融合共生发展的因素。图 5.11 展示了成渝地区双城经济圈数字经济与制造业、服务业以及产业融合共生协调度的比较情况。

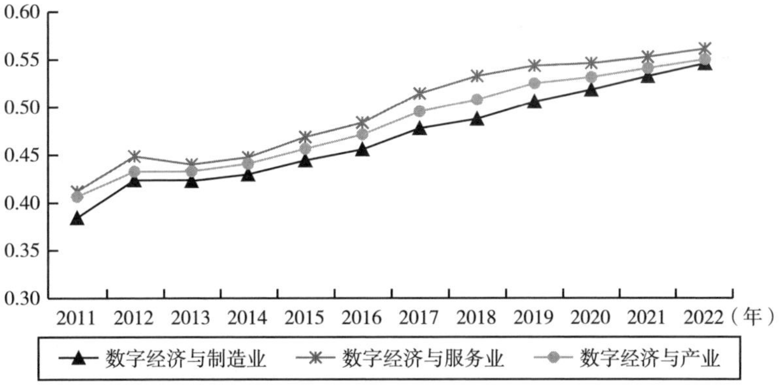

图 5.11　成渝地区双城经济圈数字经济与产业融合共生水平对比情况

表 5.17 展示了成渝地区双城经济圈各城市数字经济与制造业、服务业的融合共生协调度测算结果。从数字经济与制造业融合共生发展情况来看，重庆、成都两个核心城市的数字经济与制造业融合共生发展水平远高于其他城市，2022 年，重庆市和成都市数字经济与制造业融合共生协调度分别为 0.8124 和 0.8041，均已进入中级融合共生的良好协调阶段。绵阳市数字经济与制造业融合共生协调度为 0.6196，进入初级融合共生的初级协调阶段，宜宾市、自贡市、内江市、广安市、德阳市、泸州市数字经济与制造业融合共生协调度介于 0.5 ~0.6，处于初级融合共生的勉强协调阶段，雅安市、达州市、乐山市、南充市、眉山市、遂宁市、资阳市数字经济与制造业融合共生协调度均低于 0.5，数字经济与制造业尚未形成良好的融合共生发展态势。同时，可以发现，重庆市数字经济与制造业的融合共生发展水平高于成都市，这与重庆市近年来积极推进以大数据智能化为核心的创新发展战略密切相关。重庆致力于打造国家重要的先进制造业中心，通过推动工业互联网建设和制造业数字化转型，智能制造快速发展，一系列举措的实施，不仅提升了重庆市制造业的智能化水平，也进一步促进了数字经济与制造业的深度融合，为重庆市经济发展注入新的活力。

从数字经济与服务业融合共生发展情况来看，成都、重庆两城市数字经济与服务业的融合共生发展水平明显高于其他城市，2022 年，重庆市和成都市数字经济与服务业融合共生协调度分别为 0.8044 和 0.8523，均进入中级融合共生的良好协调阶段。绵阳市数字经济与服务业融合共生协调度为 0.6355，进入初级融合共生的初级协调阶段，内江市、自贡市、广安市、德阳市、宜宾市、雅安市、眉山市、资阳市、乐山市数字经济与服务业融合共生协调度介于0.5~0.6，处于初级融合共生的勉强协调阶段，泸州市、南充市、达州市、遂宁市数字经济与服务业融合共生协调度均低于0.5，推动数字经济与服务业融合共生发展的任务仍较为艰巨。同时，可以看到，成都市数字经济与服务业融合共生发展水平高于重庆市，近年来，成都致力于推动高技术服务业、科技服务业以及战略性新兴服务业发展，不断拓宽数字技术在服务业中的应用场景，数字经济与服务业融合发展成效显著。成都市通过构建“先进服务业生态圈”，成功打造了充满活力与创新的服务业生态系统。此外，成都市拥有众多知名高校，人才资源聚集，高新技术企业云集，也为科技创新提供了得天独厚的资源优势，进一步推动了成都市数字经济与服务业的融合发展，展示了成都打造国内外服务业发展重要高地的发展潜力和广阔前景。

2022年，成渝地区双城经济圈各城市中，数字经济与服务业融合共生协调度达到0.5的城市有12个，数字经济与制造业融合共生协调度达到0.5的城市仅有9个。总体来说，成渝地区双城经济圈数字经济与服务业融合共生发展水平高于数字经济与制造业的融合共生水平，数字经济与制造业融合共生发展程度低，逐渐成为制约成渝地区双城经济圈数字经济与产业融合共生发展的瓶颈，必须进一步加大力度推进成渝地区双城经济圈各城市制造业数字化转型，打造制造业与数字经济融合发展新场景，对于提升成渝地区双城经济圈产业数字化整体水平，推动区域产业高质量发展具有重要意义。

表5.17　成渝地区双城经济圈各城市数字经济与制造业、服务业融合共生协调度

城市	数字经济—制造业				数字经济—服务业			
	2011年	2015年	2019年	2022年	2011年	2015年	2019年	2022年
成都市	0.5663	0.6612	0.7249	0.8041	0.6514	0.7576	0.7979	0.8523
自贡市	0.3407	0.4110	0.4784	0.5282	0.3776	0.4508	0.5377	0.5565
泸州市	0.3884	0.4224	0.4846	0.5142	0.3968	0.4314	0.5026	0.4987
德阳市	0.3979	0.4711	0.5028	0.5170	0.4014	0.4675	0.5208	0.5288
绵阳市	0.4375	0.4935	0.5672	0.6196	0.4508	0.5170	0.5988	0.6355
遂宁市	0.3363	0.3873	0.4303	0.4643	0.3383	0.3574	0.4535	0.4689
内江市	0.3304	0.4122	0.4961	0.5269	0.3564	0.4522	0.5619	0.5792

续表

城市	数字经济—制造业				数字经济—服务业			
	2011 年	2015 年	2019 年	2022 年	2011 年	2015 年	2019 年	2022 年
乐山市	0.3721	0.4389	0.4696	0.4931	0.4227	0.4482	0.4974	0.5029
南充市	0.3352	0.3801	0.4612	0.4772	0.3887	0.4262	0.4997	0.4938
眉山市	0.3645	0.3776	0.4440	0.4760	0.3562	0.3941	0.4906	0.5062
宜宾市	0.4073	0.4662	0.4910	0.5326	0.3990	0.4493	0.5025	0.5260
广安市	0.3369	0.4024	0.4799	0.5261	0.3849	0.4400	0.5110	0.5398
达州市	0.3515	0.4202	0.4370	0.4941	0.3645	0.4243	0.4658	0.4693
雅安市	0.3430	0.3558	0.4964	0.4994	0.3794	0.3933	0.5300	0.5119
资阳市	0.3515	0.3967	0.4182	0.4493	0.3890	0.4401	0.4865	0.5065
重庆市	0.4916	0.6132	0.7106	0.8124	0.5371	0.6511	0.7405	0.8044
平均值	0.3844	0.4444	0.5058	0.5455	0.4121	0.4688	0.5436	0.5613

表 5.18 和表 5.19 分别展示了成渝地区双城经济圈各区域数字经济与制造业、服务业融合共生协调度的测算结果。总体而言，重庆数字经济与制造业、服务业融合共生水平高于成都平原城市群、川南城市群和川东北城市群。具体来看，观测期内，重庆市数字经济与制造业、服务业的融合共生水平均有不同程度的提升，整体发展状况良好。重庆市数字经济与制造业融合共生协调度由 2011 年的 0.4916 上升至 2022 年的 0.8054，增长了 1.64 倍。数字经济与制造业融合共生协调度经历了“濒临失调—勉强协调—初级协调—中级协调—良好协调”的发展过程，进入了中级融合共生发展阶段。重庆市数字经济与服务业融合共生协调度由 2011 年的 0.5371 上升至 2022 年的 0.8044，约增长了 1.50 倍，经历了由勉强协调到初级协调、中级协调再到良好协调的发展过程，已进入中级融合共生发展阶段。

成都平原城市群数字经济与制造业融合共生协调度由 2011 年的 0.4048 上升到 2022 年的 0.5522，增长了 1.36 倍。与此同时，成都平原城市群数字经济与服务业的融合共生水平也呈现上升趋势，数字经济与服务业融合共生协调度由 2011 年的 0.4339 提升至 2019 年的 0.5572，2020 年数字经济与服务业融合共生协调度略微下降至 0.5541，之后逐渐上升至 2022 年的 0.5771。可以发现，成都平原城市群数字经济与制造业、服务业的融合共生协调度均经历了从濒临失调到勉强协调的发展过程，进入初级融合共生阶段。

表 5.18 成渝地区双城经济圈各区域数字经济与制造业融合共生协调度测算结果

年份	成都平原城市群			川南城市群			川东北城市群			重庆		
	D^{EM}	等级	区间	D^{EM}	等级	区间	D^{EM}	等级	区间	D^{EM}	等级	区间
2011	0.4048	濒临失调	无融合共生	0.3691	轻度失调	无融合共生	0.3431	轻度失调	无融合共生	0.4916	濒临失调	无融合共生
2012	0.4485	濒临失调	无融合共生	0.4053	濒临失调	无融合共生	0.3677	轻度失调	无融合共生	0.5334	勉强协调	初级融合共生
2013	0.4358	濒临失调	无融合共生	0.4049	濒临失调	无融合共生	0.3975	轻度失调	无融合共生	0.5596	勉强协调	初级融合共生
2014	0.4437	濒临失调	无融合共生	0.414	濒临失调	无融合共生	0.3904	轻度失调	无融合共生	0.5839	勉强协调	初级融合共生
2015	0.4591	濒临失调	无融合共生	0.4289	濒临失调	无融合共生	0.4021	濒临失调	无融合共生	0.6132	初级协调	初级融合共生
2016	0.469	濒临失调	无融合共生	0.4349	濒临失调	无融合共生	0.4114	濒临失调	无融合共生	0.6422	初级协调	初级融合共生
2017	0.4927	濒临失调	无融合共生	0.4588	濒临失调	无融合共生	0.4336	濒临失调	无融合共生	0.6554	初级协调	初级融合共生
2018	0.5059	勉强协调	初级融合共生	0.4628	濒临失调	无融合共生	0.435	濒临失调	无融合共生	0.6929	初级协调	初级融合共生
2019	0.5159	勉强协调	初级融合共生	0.4892	濒临失调	无融合共生	0.4611	濒临失调	无融合共生	0.7106	中级协调	中级融合共生
2020	0.5211	勉强协调	初级融合共生	0.5107	勉强协调	初级融合共生	0.4811	濒临失调	无融合共生	0.7422	中级协调	中级融合共生
2021	0.5401	勉强协调	初级融合共生	0.5127	勉强协调	初级融合共生	0.4861	濒临失调	无融合共生	0.7782	中级协调	中级融合共生
2022	0.5522	勉强协调	初级融合共生	0.5267	勉强协调	初级融合共生	0.5026	勉强协调	初级融合共生	0.8054	良好协调	中级融合共生

表5.19 成渝地区双城经济圈各区域数字经济与服务业融合共生水平测算结果

年份	成都平原城市群			川南城市群			川东北城市群			重庆		
	D^{ES}	等级	区间	D^{ES}	等级	区间	D^{ES}	等级	区间	D^{ES}	等级	区间
2011	0.4339	濒临失调	无融合共生	0.3867	轻度失调	无融合共生	0.3795	轻度失调	无融合共生	0.5371	勉强协调	初级融合共生
2012	0.474	濒临失调	无融合共生	0.4183	濒临失调	无融合共生	0.4104	濒临失调	无融合共生	0.5818	勉强协调	初级融合共生
2013	0.4569	濒临失调	无融合共生	0.4184	濒临失调	无融合共生	0.4108	濒临失调	无融合共生	0.6091	初级协调	初级融合共生
2014	0.4642	濒临失调	无融合共生	0.4279	濒临失调	无融合共生	0.4126	濒临失调	无融合共生	0.629	初级协调	初级融合共生
2015	0.4878	濒临失调	无融合共生	0.4471	濒临失调	无融合共生	0.4303	濒临失调	无融合共生	0.6511	初级协调	初级融合共生
2016	0.4996	濒临失调	无融合共生	0.4561	濒临失调	无融合共生	0.4479	濒临失调	无融合共生	0.6716	初级协调	初级融合共生
2017	0.531	勉强协调	初级融合共生	0.4915	濒临失调	无融合共生	0.4713	濒临失调	无融合共生	0.6856	初级协调	初级融合共生
2018	0.5545	勉强协调	初级融合共生	0.5036	勉强协调	初级融合共生	0.4792	濒临失调	无融合共生	0.7216	中级协调	中级融合共生
2019	0.5572	勉强协调	初级融合共生	0.5269	勉强协调	初级融合共生	0.4936	濒临失调	无融合共生	0.7405	中级协调	中级融合共生
2020	0.5541	勉强协调	初级融合共生	0.5374	勉强协调	初级融合共生	0.5015	勉强协调	初级融合共生	0.7517	中级协调	中级融合共生
2021	0.569	勉强协调	初级融合共生	0.5333	勉强协调	初级融合共生	0.4925	濒临失调	无融合共生	0.7811	中级协调	中级融合共生
2022	0.5771	勉强协调	初级融合共生	0.5416	勉强协调	初级融合共生	0.5023	勉强协调	初级融合共生	0.8044	良好协调	中级融合共生

川南城市群数字经济与制造业、服务业的融合共生协调度均呈现逐年上涨趋势。具体而言，2011～2022年，川南城市群数字经济与制造业融合共生协调度由0.3691上升至0.5267，增长了1.43倍，经历了从轻度失调到濒临失调再到勉强协调的发展过程，进入初级融合共生水平。观测期内，川南城市群数字经济与服务业融合共生协调度由2011年的0.3867提升到2022年的0.5416，增长了约1.40倍，融合共生水平经历了由轻度失调到濒临失调再到勉强协调的过程，进入了初级融合共生发展阶段。

川东北城市群数字经济与制造业融合共生协调度由2011年的0.3431上升至2022年的0.5026，增长了1.46倍，融合共生水平经历了从轻度失调到濒临失调再到勉强协调的发展过程，2022年刚进入初级融合共生阶段，与其他区域相比，川东北城市群数字经济与制造业融合共生发展水平仍存在较大差距。川东北城市群数字经济与服务业融合共生发展水平总体呈现上升趋势，数字经济与服务业的融合共生协调度由2011年的0.3795提升至2020年的0.5015，进入初级融合共生阶段，但在2021年下降至0.4925，再次退回至无融合共生阶段，2022年，数字经济与服务业的融合共生协调度突破0.5，提升至0.5023，进入初级融合共生阶段。由此可见，川东北城市群数字经济与制造业、服务业的融合共生水平虽然呈现上升趋势，但整体水平仍较为落后，均刚刚进入初级融合共生阶段，与其他区域存在较大差距。

为了深入探究成渝地区双城经济圈各区域数字经济与产业融合共生发展的产业差异情况，对各区域数字经济与制造业、服务业以及产业的融合共生协调度进行比较分析，揭示不同区域数字经济发展与产业融合发展的特点和规律，了解各区域在数字经济与产业融合共生方面的优势与不足。图5.12～图5.15分别展示了各区域数字经济与制造业、服务业以及产业融合共生协调度的比较情况。

由图5.12可以看出，成都平原城市群数字经济与服务业的融合共生发展水平始终高于数字经济与制造业的融合共生水平。具体来看，数字经济与服务业融合共生协调度由2011年的0.4339提升至2022年的0.5771，均值为0.5133，而数字经济与制造业的融合共生协调度由2011年的0.4048提升至2022年的0.5522，均值为0.4824，均值相差0.0309，提升数字经济与制造业的融合共生水平是成都平原城市群未来发展的重点。

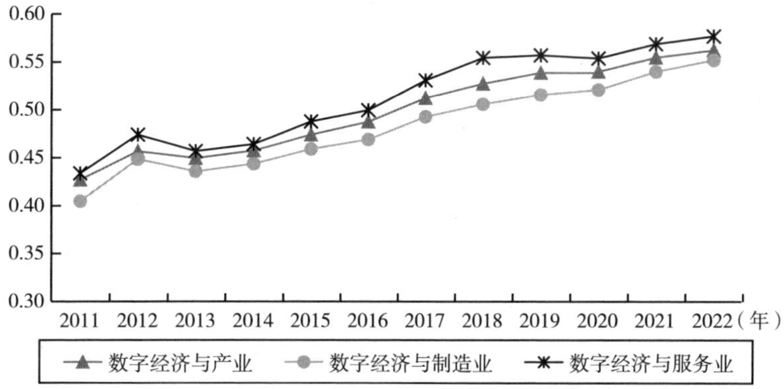

图 5.12　成都平原城市群数字经济与产业融合共生协调度比较

图 5.15 呈现了川南城市群数字经济与制造业、服务业及产业的融合共生协调度比较情况。可以看出，观测期内，川南城市群数字经济与制造业、服务业及产业的融合共生水平均有不同程度的提升，数字经济与制造业的融合共生协调度由 2011 年的 0.3691 提升至 2022 年的 0.5297，均值为 0.4515，数字经济与服务业的融合共生协调度则由 2011 年的 0.3867 提升至 2022 年的 0.5416，均值为 0.4741，均值相差 0.0226，且数字经济与服务业的融合共生水平始终高于数字经济与制造业的融合共生水平。2022 年，数字经济与制造业的融合共生协调度（0.5267）高于数字经济与产业的融合共生协调度（0.5235），数字经济与制造业融合共生发展水平快速提升。

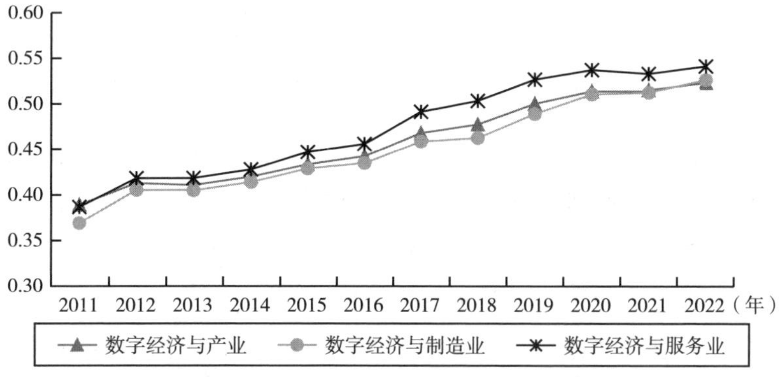

图 5.13　川南城市群数字经济与产业融合共生协调度比较

川东北城市群数字经济与制造业、服务业以及产业的融合共生水平均不断提升，且发展差距逐渐缩小。观测期内，川东北城市群数字经济与服务业的融合共生协调度由 2011 年的 0.3795 提升至 2022 年的 0.5023，均值为 0.4527，数字经济与制造业的融合共生协调度均由 2011 年的 0.3431 提升至 2022 年的 0.5062，均值为 0.4260，均值相差 0.0267。可以发现，2011～2021 年，川东北城市群数字经济与服务业的融合共生水平始终高于数字经济与制造业的融合共生水平，在 2020 年后，数字经济与服务业的融合共生协调度有所下降，而数字经济与制造业则始终保持较好的融合共生发展态势，在 2022 年，数字经济与制造业的融合共生发展水平反超数字经济与服务业的融合共生水平。因此，川东北城市群在保持数字经济与制造业融合共生良好发展态势的同时，更需要注重数字经济与服务业的融合发展。图 5.14 展示了川东北城市群数字经济与制造业、服务业以及产业的融合共生协调度的情况。

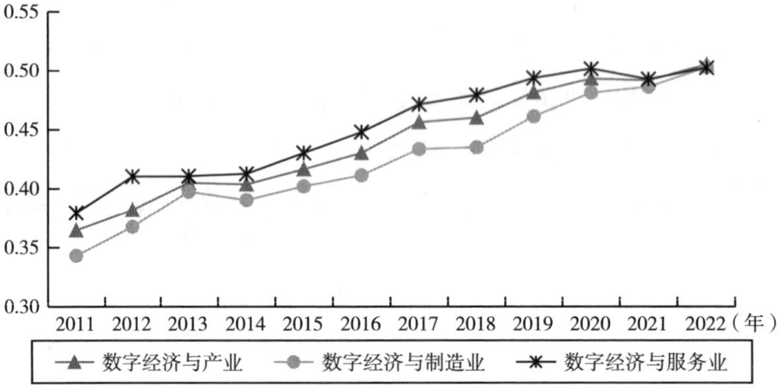

图 5.14　川东北城市群数字经济与产业融合共生协调度比较

观测期内，重庆市数字经济与制造业、服务业以及产业的融合共生水平均保持较为稳定的整体态势，且三者的发展差距不断缩小。总体而言，重庆市数字经济与服务业的融合共生发展水平高于数字经济与制造业融合共生水平。近年来，随着重庆推动数字经济和制造业发展系列举措的出台，数字经济与制造业融合发展成效显著，数字经济与制造业融合共生协调度快速提升，2022 年，重庆数字经济与制造业的融合共生协调度为 0.8054，超过了数字经济与服务业的融合共生协调度（0.8044）。图 5.15 展示了重庆市数字经济与制造业、服务业及产业融合共生协调度变化情况。

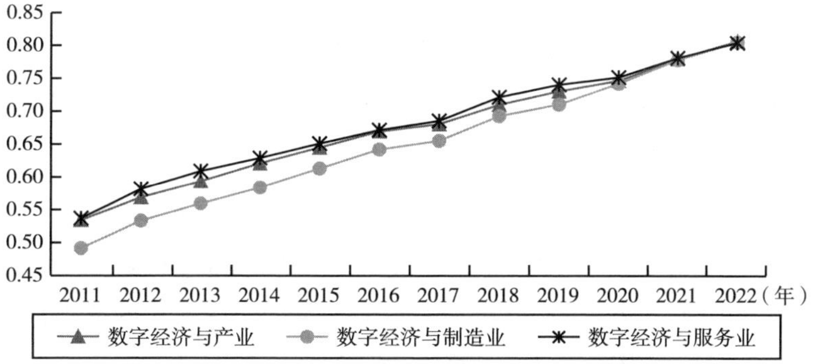

图 5.15　重庆市数字经济与产业融合共生协调度比较

5.3　数字经济与产业融合共生类型划分

5.3.1　数字经济与产业融合共生的类型

基于数字经济与产业融合共生协调度，以及数字经济和产业发展水平的变化，可以对数字经济与产业融合共生类型进行划分。数字经济与产业发展处于无融合共生阶段时，数字经济与产业之间尚未形成明显的互动关系。此时，数字经济可能处于起步阶段，对产业发展的影响有限，且产业在发展过程中也尚未充分意识到数字经济的潜力，缺乏与之融合的动力和意愿，数字经济与产业发展之间呈现出相对独立的状态，缺乏有效的协同和互动。在初级融合共生阶段，一部分产业开始尝试引入数字技术，进行初步的数字化改造和转型，数字经济也开始逐渐为产业发展提供一些基础性的技术支持和服务。虽然这种融合共生关系相对初级，但已经开始为双方带来一定的效益，为后续的深度融合奠定了基础。在中级融合共生阶段，数字经济与产业发展的融合程度进一步加深。在该阶段，产业发展开始广泛融合数字技术，推动生产、管理、营销等各个环节数字化转型。同时，数字经济也通过提供更加智能化、个性化的服务，满足产业转型升级的需求，双方之间的合作更加紧密，共同推动产业链的优化和升级。最终，当数字经济与产业发展达到优良融合共生阶段时，两者之间的融合程度已经达到非常高的水平，实现同步发展，数字经济成为产业发展的核心驱动力，产业通过深度融合数字技术实现转型升级和创新发展。与此同时，数字经济也在与产业深度融合的过程中不断拓展自身的发展空间和应用领域，双方之间的共生关系已经变得密不可分，共同推动经济的持续健康高质量发展。

基于无融合共生、初级融合共生、中级融合共生以及优良融合共生各阶段特征的分析，以及数字经济和产业发展水平的变化，可以将数字经济与产业的融合共生划分为单一型、偏利互惠型、趋同互惠型、融合互惠型四种类型。第一种类型为单一型，指数字经济与产业融合发展过程中呈现出的单向或主导性发展特征，表现为数字经济或服务业、制造业在融合发展过程中占据主导地位，例如，服务业或制造业的发展水平高于数字经济，服务业或制造业在融合发展过程中占据主导地位，数字经济发展处于相对滞后或被动适应状态；或者，数字经济的发展水平高于服务业或制造业，数字经济在融合发展过程中占据主导地位，服务业或制造业发展处于滞后状态或被动适应状态。因此，单一型可以根据数字经济与产业发展水平进一步划分为制造业驱动型、服务业驱动型以及数字经济驱动型三种类型。第二种类型为偏利互惠型，指数字经济与产业发展到一定程度时，双方存在融合互动的动机和需求，但其中一方在融合互动过程中获得的利益更大，导致两者间发展差距拉大。数字经济通过与产业的融合发展，能够拓展其技术应用场景，获取更多的市场数据与反馈，有利于优化技术和服务。产业则通过引入数字技术，进一步提升生产效率、优化产品结构，实现产业转型和高质量发展，但这种互惠并不是对称的，双方在融合共生关系中获得的利益并不完全相等。第三种类型为趋同互惠型，是在偏利互惠共生基础上的进一步完善，数字经济与产业融合发展特征明显，两者发展差距逐渐缩小，且双方在融合共生发展过程中获得的利益相对均衡。第四种类型为融合互惠型，此时数字经济与产业的融合共生水平较高，数字经济与产业发展之间的速度和方向相互匹配，形成了一种良性的融合共生关系，数字经济与产业融合共生达到理想状态。数字经济与产业发展不再是孤立的个体，而是通过信息、技术、文化等多维度交融形成的一个有机整体，这种交融并非简单的叠加，而是经过深度加工和再创造，产生的新价值和创新点。融合互惠型更为强调数字经济与产业发展之间的协同进化和共同发展，旨在实现整体效益的最优化。

5.3.2　成渝地区双城经济圈数字经济与产业融合共生类型划分

基于成渝地区双城经济圈数字经济与产业融合共生协调度，以及数字经济和产业发展水平的变化和比较，可以对成渝地区双城经济圈各区域和城市数字经济与产业融合共生的类型进行划分。整体来看，成都平原城市群、川东北城市群以及川南城市群均属于偏利互惠型，虽然数字经济和产业发展都可以在融合过程中受益，数字经济和产业发展有所提升，但受益程度是不同的，一方的发展会明显快于另一方。数字经济通过提供信息、技术和平台支持，促进了区域产业的数字化转型和创新发展，进而提升了整个融合共生系统的效率和竞争力。然而，数字经济与服务业、制造业在融合发展过程中的受益程度不同，一些产业能够迅速适应并充分利用数字技术，实现快速发展，而另一些产业则可能由于技术、资金等因素限制，无法直接从中获益或者获得利益有限，融合共生差距扩大。

具体从各城市来看，成都市、重庆市数字经济与产业融合共生类型为趋同互惠型，两城市数字经济与产业发展均处于较高水平，发展水平较为接近，差异呈现缩小趋势。成都市与重庆市作为西部地区重要的经济、科技、文化、交通中心，拥有较为丰富的产业资源和人才储备，鼓励企业加大在数字技术、智能制造等领域的投入，同时，两城市积极推动数字经济发展，制定了较为全面系统的发展规划和一系列政策文件，如《成都市“十四五”数字经济发展规划》《重庆市数字产业发展“十四五”规划（2021～2025年）》等，明确提出数字经济发展的总体目标和路径，推动数字经济与产业融合发展。绵阳市、德阳市、乐山市、广安市、宜宾市、自贡市、内江市数字经济与产业融合共生的类型为偏利互惠型，数字经济和产业发展水平在融合过程中均有不同程度的提升，但受益程度不均衡。遂宁市、雅安市、南充市、泸州市、资阳市、眉山市、达州市数字经济与产业融合共生类型为单一型，数字经济与产业融合共生水平较低，尚处于无融合共生发展阶段，数字经济与产业尚未实现良好匹配发展，两者之间的融合性较差，需要政府和企业共同努力提升数字经济与产业发展的融合程度。具体而言，遂宁市、雅安市、南充市、泸州市为数字经济驱动型，资阳市、眉山市为服务业驱动型，达州市为制造业驱动型。表 5.20 展示了成渝地区双城经济圈各区域及城市数字经济与产业融合共生的类型。

表 5.20　成渝双城经济圈各区域数字经济与产业融合共生类型划分

区域	类型	城市	类型
成都平原城市群	偏利互惠型	成都市	趋同互惠型
		绵阳市	偏利互惠型
		德阳市	偏利互惠型
		乐山市	偏利互惠型
		遂宁市	单一型（数字经济驱动）
		雅安市	单一型（数字经济驱动）
		资阳市	单一型（服务业驱动）
		眉山市	单一型（服务业驱动）
川东北城市群	偏利互惠型	南充市	单一型（数字经济驱动）
		广安市	偏利互惠型
		达州市	单一型（制造业驱动）
川南城市群	偏利互惠型	宜宾市	偏利互惠型
		泸州市	单一型（数字经济驱动）
		自贡市	偏利互惠型
		内江市	偏利互惠型
重庆市	趋同互惠型	—	—

5.4　本章小结

本章从数字基础设施、数字产业发展、数字发展支撑，以及产业效率、发展规模、发展结构、创新发展等层面构建了数字经济与产业融合共生评价指标体系，借鉴容量耦合系数模型构建了数字经济与产业融合共生评价模型，对成渝地区双城经济圈数字经济与产业融合共生水平进行测度，并从时变演化、空间特征、产业差异三个方面对成渝地区双城经济圈数字经济与产业融合共生水平进行分析，研究发现：

第一，2011～2022年，成渝地区双城经济圈数字经济与产业融合共生协调度主要集中于0.4～0.6，呈逐步上升态势。观测期内成渝地区双城经济圈数字经济与制造业、服务业的融合共生协调度较低，数字经济与制造业、服务业的融合共生协调度均刚刚进入初级共生阶段，整体发展水平较低。数字经济与制造业的融合发展明显落后于数字经济与服务业融合发展，呈现出非均衡发展特征，促进制造业与数字经济融合发展成为推动成渝地区双城经济圈产业高质量发展的重要因素。

第二，成渝地区双城经济圈数字经济与产业融合发展水平呈现空间分布不均衡特征，地区差异较大，位于城市群两极的成都与重庆数字经济与产业发展水平明显高于其他地区，除成都和重庆两个核心城市之外，其他地区数字经济和产业发展水平主要介于0.1～0.4，且地区间差距呈现扩大趋势，重庆和成都作为直辖市和省会城市，对其余市区存在明显的“虹吸”效应。从城市群角度来看，成都平原城市群数字经济与产业融合共生水平内部差异逐渐扩大，成都处于良好协调阶段，而城市群内其他城市仍处于濒临失调或勉强协调阶段；川东北城市群数字经济与产业融合共生水平较低，长期处于濒临失调阶段；川南城市群数字经济与产业融合共生水平逐渐提升，从濒临失调逐渐转变为勉强协调；重庆市数字经济与产业融合共生水平不断提高，经历了从勉强协调—初级协调—中级协调—良好协调的递增过程。整体言之，成渝地区双城经济圈数字经济与产业融合共生水平呈现“两核凸起，中间塌陷”的空间分布格局。

第三，从成渝地区双城经济圈数字经济与产业融合共生水平的区域差异来看，成都平原城市群—重庆、成都平原城市群—川南城市群、成都平原城市群—川东北城市群、重庆—川南城市群、重庆—川东北城市群的区域间差异整体呈现扩大趋势，而川南城市群—川东北城市群区域间差异逐渐缩小。通过对区域差异来源分解的分析，可以发现区域间差异是成渝地区双城经济圈数字经济与产业融合共生水平总体差异的主要来源。

第四，基于数字经济发展水平与产业发展水平两个维度，结合数字经济与产业融合共生的发展阶段，将数字经济与产业融合发展类型分为单一发展型、偏利互惠共生型、趋同互惠共生型及融合共生型四种类型，其中，单一发展型包括制造业驱动型、服务业驱动型以及数字经济驱动型。从区域角度来看，成都平原城市群、川东北城市群、川南城市群的数字经济与产业融合共生类型为偏利互惠共生型。从各城市角度来看，成都、重庆数字经济与产业融合共生类型为趋同互惠共生型；绵阳市、德阳市、乐山市、广安市、宜宾市、自贡市、内江市的数字经济与产业融合共生类型为偏利互惠共生型；遂宁市、雅安市、南充市、泸州市、资阳市、眉山市、达州市为单一发展型，数字经济与产业融合共生协调度较差，急需采取针对性措施推动数字经济与产业融合发展。

基于以上研究结论，得出以下几点启示：

第一，深刻认识成渝地区双城经济圈数字经济与产业融合共生水平较低的事实。虽然近年来成渝地区双城经济圈数字经济与产业融合共生发展水平不断提升，但整体上仍然处于初级共生阶段，融合共生发展水平较低，具有较大的改进空间。应当充分认识数字经济与产业融合共生在促进产业高质量发展，建设现代化产业体系，优化经济增长路径，实现绿色发展过程中的关键作用。结合各地区数字经济与产业融合发展现状及要素资源禀赋优势，精准施策，找准各地区促进数字经济与产业融合发展的核心因素，探索数字经济与产业融合共生发展模式，推动成渝地区双城经济圈数字经济与产业融合共生水平的提升。

第二，深刻认识成渝地区双城经济圈数字经济与产业融合共生发展非均衡的空间分布特征。数字经济与产业融合共生发展的区域差距有所增大，区域间的不平衡性加剧。应当在促进数字经济与产业融合共生发展的同时，增强区域空间协同发展意识，探究区域差异扩大原因。同时，也要正确认识数字经济与产业融合共生发展的不平衡性，实现区域绝对均衡发展为理想状态并不现实，最重要的目的是保障成渝地区双城经济圈各区域，尤其是落后地区有平等发展的机会。

第三，区域间差异是成渝地区双城经济圈数字经济与产业融合共生水平总体差异的主要来源。因此，政府应强化产业政策引导，适当对较为落后地区实行政策倾斜，给予政策支持，提升成渝地区双城经济圈落后地区数字经济与产业融合共生发展水平。同时，加强区域间合作，进一步紧密区域合作，促进重庆、成都平原城市群数字技术、人才及资金等流向川南城市群、川东北城市群，缩小区域间发展差距。深化产业间协作，共同打造数字经济产业链，形成数字产业集群，增强整体竞争力，通过构建区域联盟，加强城市间的沟通与协作，实现资源共享和优势互补。

第 6 章

成渝地区双城经济圈数字赋能产业高质量发展的模式选择

借鉴国内外数字化与产业高质量发展的经验，提出数字赋能产业高质量发展模式，基于成渝地区双城经济圈数字经济与产业发展基础，提出成渝地区双城经济圈数字赋能产业高质量发展的模式选择。

6.1 数字赋能产业高质量发展的经验借鉴

6.1.1 国外数字赋能产业高质量发展的经验借鉴

（1）美国数字赋能产业高质量发展的经验借鉴。

20 世纪末，日本受房市和股市泡沫的冲击影响，经济陷入停滞，步入了“失去的二十年”，而此时的美国经济却得到了迅猛发展、出现了低失业率和低通货膨胀率并存的现象。部分学者认为，这一现象在很大程度上是由美国日新月异的计算机技术推动出现的，这一时期，美国越来越多的传统产业被信息高新产业所更替，越来越多的交易在线上进行，数字经济进入了高速发展时期。美国在利用数字经济促进产业高质量发展方面积累了丰富的经验，具体而言，包括以下几点：

第一，数字基础设施建设为产业高质量发展提供了良好的基础条件，促进了信息产业的发展与传统产业的数字化转型。为了在激烈的全球科技竞争中把握先机，维持在国际经济中的领导地位，20 世纪 90 年代初，美国政府宣布建设“信息高速公路”，该计划预计花费 20 年的时间，耗资约 4000 亿美元，以因特网为依托，兴建信息时代的“高速公路”，让人们共享海量信息资源。这一计划充分地把握了未来信息时代的发展方向，极大地推动了美国经济发展。一方面，大量传统企业在该计划的影响下，充分利用信息与计算机技术进行数字化生产与管理，将劳动生产率提高了 20% 以上，大幅提升了企业的盈利能力。随着信息技术的深入发展，美国的教育系统，交通系统，医疗系统均逐步实现了数字化，整个社会面貌也焕然一新。另一方面，受该计划的影响，信息产业得到了快速发展，增长率远高于传统产业，成为美国的支柱产业，信息产业产值占比已超过 60%，高速发展的信息产业极大地增强了美国的经济实力，并提供了大量的就业机会。此外，“信息高速公路”的实现得益于激光技术、微电子技术、空间技术等高新技术的发展，而“信息高速公路”的发展，也对激光技术、微电子技术、空间技术等高新技术的发展产生了拉动作用，推动其发展水平进一步提升。

“信息高速公路”计划出台后，美国出台了一系列政策措施加强数字基础设施建设。例如，2009 年美国投入 20 亿美元加强农村地区宽带网络建设，缩小城乡间数字基础设施差距；2018 年推出了《重建基础设施立法纲要》，为美国未来 10 年经济发展设计基础设施建设方案，提出重点投资现代交通、新能源、5G 通信基站、智能电网、宽带网络和大数据等领域，为数字经济快速发展打造基础，主张大力发展自动驾驶、新轨道运输技术、无人机等，通过数字基础设施建设，推进制造业回流、促进新兴产业发展；2017 年、2019 年连续两年发布“数据中心优化计划”，以财政政策支持数据中心集约化发展，为数字经济提供了算力保障，目前美国拥有全球最多超大规模数据中心；2020 年公布《国家 5G 安全战略》，推动 5G 部署，目前美国移动运营商已经能够为美国 75% 的人口提供 5G 信号覆盖；2021 年，美国政府提出了“重建更美好未来”基础设施计划，预计耗费 2 万亿美元推动 5G、AI 等数字基础设施落地，美国约翰斯·霍普金斯大学教授迈克尔·曼德尔认为这一计划若成功实施，将会使美国生产力提高 11%。除政府外，美国一些大型公司也加入数字基础设施建设中，如 2015 年美国 SpaceX 公司推出了“星链计划”，将逐步在太空部署4.2万颗卫星；Facebook公司推出了“雅典娜”卫星项目，将通过毫米波无线电信号向地面提供互联网接入。

第二，注重前沿性、前瞻性研究，积极推进芯片、人工智能、5G通信及下一代通信、先进计算机等数字技术研发。在芯片领域，美国陆续推出ERI计划和JUMP计划，抢占数字芯片科技的制高点。在人工智能领域，2018年、2019年先后发布了《美国机器智能国家战略》《国家人工智能研究和发展战略计划》等，美国人工智能（AI）技术在2020年飞速发展。英特尔神经形态计算实验室研发了基于哺乳动物嗅觉系统的神经算法，赋予AI设备学习并鉴别气味的本领；罗格斯大学开发出新型AI模型，通过图像估算物体表面触觉特性；麻省理工学院研制的深度学习AI，鉴定出一种全新的抗生素；斯坦福大学开发的机器学习方法能鉴别出早期肺癌患者。在5G通信及下一代通信技术研发领域，太赫兹通信和传感融合研究中心等机构开展6G通信相关研究，SpaceX公司开展卫星互联网“星链”项目，美能源部提出建立全国性量子互联网战略蓝图。在先进计算机领域，IBM公司2020年9月发布了量子计算路线图，同时，美国政府加大了对量子信息领域的投入，确认未来5年将投资6.25亿美元支持美国5个量子信息科学研究中心的建设。

在长期的数字经济治理实践中，美国逐渐形成了一套较为成熟的数字经济生态体系，并利用这套体系推进整个国家产业的高质量发展。首先，美国形成了“官产学研融用”的创新生态，这种创新生态的特点是原来互不联系的主体，即政府（官）、企业（产）、高校（学）、科研机构（研）逐步适应协同工作，并在创新进程的各个阶段建立相互联系，形成“四线螺旋体”。在这种生态模式下，政府负责维护公平的市场竞争环境，为高校和科研机构的研发工作与人才培养提供资金支持，并通过政府的采购活动为新产品新技术创造新的需求；高校与科研机构在政府和企业的指引下直接参与新产品新技术的研发活动；企业在政府的支持下，发挥创新主体作用，主导新产品新技术的研发活动，整合创新链与产业链，实现供需的高效匹配，提高新产品新技术的商品化和产业化率。事实上，从20世纪80年代起，美国企业对科技的投资迅速增加，美国产业界对科研活动的投入逐渐超过了美国政府，成为科研创新的最大主体。“官产学研融用”的创新生态有效地整合了各方的优势资源，促进了大量创新成果的产生，实现了从创新成果产生到商品化、产业化的发展。可以说，数字技术之所以在美国兴起和繁荣，实现大规模产业化发展，最重要的原因就在于数字技术及其相关产业处在政府、企业、高校、研发机构各类主体组成的创新生态之中。正是这一创新生态促进了云计算、大数据、人工智能、物联网、区块链等数字技术的迅速发展，大大提升了美国数字科技及其相关产业的实力。

此外，美国还形成了以软硬协同和开源开放为主要特点的数字生态和高效的风险投资运作体系。在软硬协同方面，以 Windows 操作系统为例，Windows XP 系统有代码 4000 万行，Windows 7 有代码 5000 万行，微软开发 Vista 所花费的研发费用超过了 200 亿美元。操作系统的成功研发还离不开硬件的支持，单个企业是难以承担整个操作系统研发的。早在 1981 年 IBM 公司推出第一台个人电脑前，微软公司与英特尔公司就开始了合作，两家公司在软硬件之间通力合作，协同推出了 Windows 桌面操作系统，并逐步占据市场主导地位。在开源方面，美国垄断了 Apache、Linux 和 OpenInfrastructure 三大顶级开源基金会，吸引全球优秀开发者和用户参与开源项目，牢牢把握基础软件的主导权，并不断利用开源模式优化数字生态，引领美国数字产业发展。在风险投资方面，美国数字技术与数字产业的快速发展在很大程度上是由数字技术企业与风险投资的良好互动推动的。美国风险投资运作体系是一种以增进和分享创新收益为目标的融资体系。风险投资的运行特点主要包括三方面：一是投资对象主要为新兴产业中的初创企业，其中涵盖大量的数字技术企业；二是风险投资可以通过资本经营服务直接参与企业创业；三是风险资本具有良好的退出机制。这三个特点使风险投资能够通过独特的创新试错机制和风险分散机制，为技术型初创公司提供充足的资金支持，促进数字产业的创新发展。20 世纪 90 年代，风险投资在美国迅猛发展，逐步培育出了一批 DEC（数字设备公司）、Intel（英特尔公司）、Microsoft（微软公司）、Apple（苹果公司）等知名高科技企业，这些高科技公司为美国数字信息产业乃至产业的高质量发展作出了巨大贡献。

第三，建设数字政府是美国应用数字技术的一大亮点，通过建设数字政府不仅提高了政府办事效率和治理能力，还提高了政府服务产业高质量发展的能力。具体而言，美国数字政府的建设可分为“电子政府—电子政务—开放政府—数字政府”四个阶段。

电子政府的概念最早源于1993年。随着计算机技术的不断发展，人类逐渐进入到了信息时代，一些富有远见的美国政府官员认识到信息技术的重要性，呼吁用信息技术改造政府工作，打造服务更为高效的政府。在这一呼吁下，美国政府成立了“国家绩效评估委员会”，通过不断地调查研究，递交了《创建经济高效的政府》与《运用信息技术改造政府》两份报告，报告指出要利用信息技术克服美国政府在管理与服务方面存在的弊端，“电子政府”便成为美国政府改革的一个重要方向。1994年，美国政府信息技术服务小组提出了《政府信息技术的前景》报告，认为电子政府必须以民众为中心，为民众获取政府服务获取便利，1996年，美国政府进一步提出“重塑政府计划”，决定在2003年前实现所有政府部门联网，进一步方便民众获取政府信息。可见，这一时期电子政府建设的主要目的在于提高政府办事效率、方便民众获取信息而非是为企业服务。

随着美国电子政府建设的推进，美国政府精简了自身的办事流程，减少了政府雇员、办公场地和政府支出，并简化和废除了一些过时的行政法规，成立了全国雇主税务管理系统、联邦政府全国采购系统和转账系统，节省了大量人力物力，提高了政府工作的透明度，增强了为企业服务的能力。在此基础上，2002年美国国会通过《电子政务法案2002》，在白宫管理与预算办公室设立了专门的电子政务办公室，成立了电子政务专项基金，用以提高美国政府的信息化水平。随后，美国政府在继续坚持电子政务以公民为中心的基础上，将电子政府按照服务对象的不同分为四种业务，分别是政府对公民业务（G2C）、政府对企业业务（G2B）、政府对政府业务（G2G）以及政府内部业务（IEE），这是美国政府首次将对企业的电子政务单独划分出来。2004年以后，美国政府不断充实作为联结各项目与机构间的平台应用“行业应用”（LOB），推出了地理信息共享系统与人才管理等系统，提高了美国政府为企业提供更优质专业化服务的能力。

在电子政务系统建成后，美国政府于2009年进一步推出了“开放政府”政策，该政策以“透明性”“公众参与”和“官民合作”为三大核心原则。其中，“透明性”原则与“官民合作”原则对企业利用数字资源实现自身发展具有积极意义。“透明性”是指通过向国民公开政府信息，尽到行政告知的责任，在此原则要求下美国政府成立了 Data. gov、Recovery. gov、IT 仪表盘、USAspending. gov 等一系列数据网站。以 Data. gov 网站为例，该网站以国民可以自由检索并获取联邦政府数据、实现政府透明化为目的，其数据来源于各政府机构的统计数据，涵盖国家基本数据、环境、保健、经济等 400 多种数据，此外，网站还提供数据分析工具与应用程序，为广大企业使用数据提供了极大的便利。“官民合作”原则是指政府部门与企业、非营利组织机构等进行协作，针对各种问题引导出最有效的解决方案。以 Business. gov 网站为例，该网站由美国中小企业局于 2004 年建立，并于 2009 年进行了调整，该网站成立的目的是促进政府补贴与商业贷款应用，由中小企业与非政府机构促进项目的活性化。该网站可以查看到按照企业类型分类的项目立项与运营相关的各类信息，政府委托项目合同的签订、登记、认可等方法，贷款与融资途径，各个地区的政府部门的管制事项、纳税信息等。此外，该网站还向用户提供以 XML 或者 JSON 方式搜索数据的应用程序接口服务等。

随着数字技术的深入发展，2012 年 5 月，美国政府发布了新的计划《数字政府：构建一个 21 世纪平台以更好地服务美国人民》，这是美国政府首次明确提出建立数字政府的目标，在此计划指引下，美国逐步形成了一个由国家与社会共同治理、为公众服务的数字政府，为后来美国数字政府的发展奠定了良好基础。2016 年 5 月，美国政府推出了《联邦大数据研发战略计划》（以下简称《计划》），该《计划》面向各政府机构，主要内容包括数字技术、数据质量、数字基建、数据共享、数据隐私、数字人才培养以及数字合作七个方面，《计划》对每一个方面都做出了详细的规定。2017 年 5 月，为了加快政府的数字化进程，美国政府成立了美国科技委员会，这一时期美国建设数字政府的总目标包括：一是扩大政府公共服务覆盖范围，让公民与企业在任何时间任何地点都能享受到政府的共同服务；二是政府应该高效、安全地管理并使用数据资产；三是加强政府对社会创新资源与创新工具的采购，鼓励数字产业发展。2019 年 12 月，美国政府推出了《联邦数据战略 2020 行动计划》，该计划的目的包括两方面：一方面确保护数据资源的隐私，维护数据安全；另一方面是进一步加强政府利用数据资源服务公民与企业的能力。2021 年 10 月，美国政府发布了《联邦数据战略 2021 行动计划》，协助人工智能研究的民主化以及培养政府职工的数字技能。

第四，建立有助于跨界知识融合的体制机制，从国家层面上推动传统制造业、数字经济、商业管理等跨界知识的深度融合，助力产业实现高质量发展。2008 年金融危机之后，美国开始反思过度依赖虚拟经济的产业政策，同时将制造业作为振兴美国经济的抓手。在总统科学技术顾问委员会（PCAST）的建议下，美国国会通过了《先进制造业伙伴计划》（*Advanced Manufacturing Partnership*）和《振兴美国制造业和创新法案》（*Revitalize American Manufacturing and Innovation Act of* 2014）。这两部法案为美国智能制造业的顶层设计奠定了重要基础，对美国制造业创新中心的设立起了重要引导作用。随后，美国国会于 2014 年以法案形式确立了《国家制造业创新网络》（*National Network for Manufacturing Innovation*），主张建立关键领域的研究所，聚合产业界、学术界、联邦及地方政府等多个主体，建立和完善创新生态系统。在此基础上，美国参众两院又提出了不同的立法法案以增强美国制造业的创新能力与竞争力。2021 年 6 月，美国参议院通过了《2021 年美国创新和竞争法案》（*United States Innovation and Competition Act of* 2021），其中的拨款方案和《无尽前沿法案》（*Endless Frontiers Act*）主张美国联邦政府应通过关键领域的公共投资增强美国新技术实力。另外，美国众议院通过了《国家科学基金会未来法案》（*National Science Foundation for the Future Act*），该法案一方面从机构设置上对美国国家科学基金会（NSF）进行改造，另一方面倡导对多个技术领域的投资与关注。首先，政府发挥全方位引领作用，强化高端产业布局。美国智能制造业发展的一个突出特点是采取大规模的公私合作，以支持智能制造的相关活动。例如，《国家制造业创新网络》主张各研究所重点各关注一个领域，通过项目定制和招标，推动会员之间紧密联系、信息共享和合作研究，达成共同的利益关注和资源投入。《2021 年美国创新和竞争法案》将 570 亿美元作为紧急拨款，重点发展芯片和 5G 网络两大领域。同样，《无尽前沿法案》也要求美国国家科学基金会 5 年内在人工智能和机器学习、高性能计算、半导体和先进计算机硬件、量子计算和信息系统、机器人、自动化与先进制造等 10 个关键技术领域投资 1000 亿美元。其次，培育创新生态系统，共享智能制造资源。

《美国先进制造领先战略》强调，智能制造应连接中小企业并创建生态系统，具体措施包括向中小企业开放生产设施、专用设备及技术咨询援助，以帮助中小企业应对所面临的挑战。同时，各研究所积极创造便利条件帮助新的创业公司，促进创业公司科技成果的商业化。《无尽前沿法案》促进了联邦机构之间及其与非政府合作伙伴在创新方面的合作，具体体现在三个方面：一是授权美国商务部，扩大制造业拓展伙伴计划；二是在美国商务部建立供应链弹性计划，缓解供应链脆弱性；三是增加了对科研基础设施的投入，建立各类创新中心。此外，完善人才培养体系，加快培养先进制造业劳动力。在教育方面，《无尽前沿法案》提出，将在美国国家科学基金会设立一名首席多元化官（Chief Diversity Officer），加大理工科教育投入，以增强美国理工科人才培养能力。该法案拟增加大学的研究支出，设立本科生奖学金和行业培训项目、研究生奖学金和实习计划以及博士后研究项目，促进和加速新技术从实验室向市场转移。此外，《国家科学基金会未来法案》规定，美国国家科学基金会应与美国国家科学院、国家工程院和国家医学院签订合同，资助多学科研究中心，以促进科技成果转化，以及科学、技术、工程和数学（STEM）等方面的人才培养。最后，推动科技体制变革，创新资源配置方式。《无尽前沿法案》和《国家科学基金会未来法案》均对美国国家科学基金会的结构变更进行了阐述。《无尽前沿法案》主张设立技术理事会，同时授予美国国防部高级研究计划局（DARPA）类似的权限和项目管理权限；《国家科学基金会未来法案》则详细规定了美国国家科学基金会外部合作、科技转化、教育培训等具体职能，并要求设立科学与工程解决方案理事会（SES），以加快将基础研究转化为新技术和新产品的进度。

总结美国数字赋能产业高质量发展的经验，可以发现美国政府的做法主要包括以下四个方面：一是推动跨层级信息共享与业务协同。美国政府以“大门户”的形式将各级政府网站统一起来，构成了统一的政府门户网站，并利用数字分析技术和以客户为中心的理念，为广大企业提供了大量的信息服务。二是加强数字层面的政企合作。政府将部分信息技术业务外包给大型“互联网”企业，这些企业凭借先进的技术水平为政府提供信息技术服务，政府则负责信息的搜集。这种“外包”业务模式不仅提高了政府的数字化水平，也为互联网公司提供了不少商业机会。三是重视利用人工智能、物联网等数字技术，打造智慧城市。美国政府通过采用新兴的数字技术，将数字政府建设与智慧城市建设结合起来，在此基础上，大力鼓励线上医疗、线上教育、移动通信服务等产业的发展。四是实施大数据驱动发展战略。美国政府以大数据为基础加速科学发现与创新，推动传统产业变革，并大力培养数字技术人才。

（2）日本数字赋能产业高质量发展的经验借鉴。

20 世纪 90 年代后，房地产泡沫破裂的日本经济陷入了长达二十年的停滞，而这一段时间正是世界互联网与信息技术飞速发展的阶段，众多大型互联网公司，如美国的苹果、谷歌、亚马逊，中国的腾讯、阿里巴巴、百度正是在这一阶段发展壮大起来的，加之受到虚拟经济伤害的日本民众普遍对实体经济重视程度较高，对数字经济的重视程度不足，导致日本数字经济的发展较为滞后。21 世纪以来，日本政府逐渐意识到数字经济的重要性，开始采取一系列措施大力发展数字经济，推动产业高质量发展，取得了一定的成效。日本强大的电子和信息技术制造业成为数字经济发展的有力支撑。据中国信息通信研究院的相关数据，2021 年日本数字经济占 GDP 的比重，以及第一产业、第二产业数字化渗透率均高于主要国家平均水平，处于全球第二梯队。但日本数字经济规模一直低于中国、美国、德国，2021 年日本数字经济规模突破 2.5 万亿美元，位列全球第四。在世界领先的数字化平台企业中，日本几乎没有能与美国的谷歌、苹果、Facebook，以及中国的百度、阿里巴巴、腾讯竞争的数字巨头。在数字技术普及率方面，日本《信息通信白皮书》统计，在能源、金融、医疗、媒体领域，中国人工智能技术的应用率分别为 86%、86%、83%、89%，美国分别为 73%、61%、49%、65%，而日本仅为 38%、42%、23%、60%。事实上，早在 2001 年日本就提出“e - Japan 战略”，将数字化确立为国家级战略，但由于民众强烈的隐私保护意识、老龄化导致对数字新兴事物需求不足，数字产业应用场景狭窄，使日本数字化发展相对落后。在政府对数字化发展的大力支持下，依托电子和信息技术制造业的传统优势，日本在计算方法、人工智能学习性能、大数据处理性能等方面取得突破。在超级计算机全球 500 强排名中，日本超级计算机“富岳”曾连续四年排名世界第一，2022 年退居世界第二。近年来，日本数字经济规模不断扩大，2020 年日本数字经济规模超过 2 万亿美元，占 GDP 比重接近 50%，日本在利用数字经济实现高质量发展的过程中积累了一些值得借鉴的经验。

第一，加强基础设施建设，普及数字技术。与美国不同，日本的互联网产业与数字经济并不发达，缺乏能引导数字经济发展的大型企业，且面临多重制约因素。如，海外互联网巨头挤压本土互联网企业的生存空间、线下繁荣的实体商业使对数字技术的需求不大、本土企业实行层级分明、管理严苛、流程复杂的企业制度与一般互联网公司所要求的扁平化管理不符、缺乏良好的大型互联网公司发展环境等。在这种情况下，日本发展数字经济，实现产业高质量发展就离不开政府的大力支持。

2000 年底，日本互联网用户数约为 4700 万人，同比增长率高达 74%，互联网普及率由 1999 年底的 21% 提升到 37%。但这样的普及率仍与美国有较大差距，2000 年美国的互联网普及率已超过 50%。为推动互联网产业升级，2000 年 7 月，日本政府召开了 IT 战略会议，创立了 IT 战略总部，并将其作为国家信息化的集中研究组织。2000 年 11 月，日本政府提出了《IT 国家基本战略》，该战略旨在使日本在未来 5 年内成为世界上具有发达 IT 产业的国家。2001 年 1 月，IT 战略总部推出了"e－Japan"战略，其中"e"为"electronic"的首字母。此战略的目的是通过政府投资，加强信息化基础设施建设，促进 IT 产业发展，并最终利用政府投资带动私人投资。该战略明确提出"到 2005 年，在全日本建成有 3000 万家庭宽带上网以及 1000 万家庭超宽带（30 ~ 100Mbps）上网的环境"。实施"e－Japan"战略后，2001 年仅日本政府对 IT 产业的投资就高达 1.92 万亿日元，2002 ~ 2004 年，日本政府在信息技术领域的投资分别高达 1.99 万亿日元、1.54 万亿日元和 1.4 万亿日元，而这一时期的日本政府正处于财政紧缩状态。除加强信息化基础设施建设外，"e－Japan"战略还重视 IT 教育的发展，在学校教育方面，该战略致力于加强校园网络建设，推行信息化教育，提高青少年运用 IT 技术的能力；在社会教育方面，该战略鼓励民众自觉、自发地运用信息技术，并向民众提供信息技术的学习机会；在专业人才教育上，该战略重视培养具有信息技术知识的专业人才，并向国外引进优秀的信息技术人才。为了进一步将信息技术融入公众的经济社会生活，带动国家经济与科技进步，日本政府于 2003 年对"e－Japan"战略进行修订，提出了“e－Japan 战略Ⅱ”和与之配套的“e－Japan 重点计划—2003”。其中，“e－Japan 重点计划—2003”关注民众的日常生活，主张将信息技术融入生活、医疗、食品、金融、教育、就业和行政 7 个领域中，并利用信息技术对传统产业进行改造，创造新产业。

尽管随着“e－Japan”战略的顺利开展，日本信息化基础设施建设取得了重大进展，但宽带使用率却并没有随着宽带普及率的提高而提高。2003 年 DSL、Cable Modem 和 FTTH 的实际使用量分别只占到设施能力的 30%、11%和 5%左右。为提高宽带使用率，2004 年 3 月，日本政府召开了“实现泛在网络社会政策”座谈会。同年 5 月，“u－Japan”战略正式孕育而生，其中“u”为“ubiquitous”的首字母，ubiquitous 意为无所不在的，由“u”取代“e”，意味着日本政府战略方向的转变，根据“u－Japan”战略，日本将在 2010 年左右创建一个全新的信息网络社会，在该社会中，人们可以在任何时间、任何地点享受上网的环境，所有的日本人，包括儿童与残疾人，都能参与日本社会的活动。为此，“u－Japan”战略提出要创造新商业与新服务，通过新的应用场景，促进信息技术的普及，如，利用有线通信网、卫星电视台的数字电视网和移动通信网修建数字化住宅，让人们不管是在房屋内还是在房屋外都可以自由地享受信息服务。此外，“u－Japan”战略根据民众不使用网络的各种原因，制定了不同的解决方案，如，针对老人和残疾人，“u－Japan”战略支持开发更便捷的人机交互界面、提供 ICT 知识培训等；针对网络安全性抱以强烈怀疑态度的人，“u－Japan”战略加强了医疗保障、教育等领域保障信息安全的应用和产品的开发。通过这些策略的实施，日本政府创建了一个开放型的网络社会，让网络资源得到充分利用。

随着信息化基础设施建设的逐步完善，用户使用量大大提升，日本政府又开始了新的战略布局。2009 年 7 月，日本 IT 战略本部正式提出了至 2015 年的中长期信息技术发展战略（以下简称“i－Japan”战略），其中“i”有两层含义，其中一层“i”代表“inclusion”，指数字技术如同空气和水一般融入日本社会的每一个角落，由此实现安全、稳定、公平、易用的信息使用环境，从而打造国民生活丰富多彩、人与人关系更加和谐的社会；另一层“i”代表“innovation”，数字化技术将为日本经济社会体系带来变革，激发新的活力，使企业积极自主地创新，推动企业向低成本高收益转型，创造一个经济可持续发展的、与国际社会协调合作的社会环境。该战略分为“三大核心领域（包括电子政务、医疗保健、教育与人才）”“激发产业与区域活力，培育新兴产业”和“完善数字基础设施建设”三个方面。在三大核心领域方面，关于电子政府部分，“i－Japan”战略主张整合部分政府相关部门，建设一站式的行政服务体系，提高政府服务于民众和企业的能力；关于医疗保健部分，该战略主张利用数字技术发展远程医疗服务与电子保健记录服务，促进医疗保健业的发展；关于教育与人才部分，该战略主张推广数字化技术与信息化教育的应用，提高学生数字技术知识水平。在激发产业与区域活力，培育新兴产业方面，该战略主张通过数字技术的应用，促进中小企业的业务发展，增强传统产业的竞争力，促进信息产业优化升级，并利用数字技术开创新的创意市场，最终实现所有产业的结构优化和升级换代，增强区域发展活力。在完善数字基础设施建设方面，该战略计划进一步加强超高速宽带建设水平，提升固定宽带速率到Gb级、移动宽带速率到100Mb级。

从“e－Japan”到“u－Japan”，再到“i－Japan”，这不仅是首个字母的变化，更意味着日本数字化战略一代又一代的发展与变革。在这个过程中，日本数字化战略经历了从注重信息化基础设施建设到注重提高互联网使用率，再到注重利用数字技术促进经济社会高质量发展的过程。

第二，加强数字技术应用，推动数字技术与传统产业融合。日本是传统的工业强国，自第二次世界大战后，日本的制造业发展水平就一直处于世界前列，尽管20世纪90年代初“泡沫经济”的崩溃给日本制造业留下了不小的阴影，但日本制造业的发展并没有停滞，并在诸多产业领域仍然保持世界领先的地位。进入21世纪以来，日本制造业主动谋求转型，将现代化元素注入生产经营中，不断推进传统产业与现代产业融合，着力构筑制造业竞争新优势。其中，制造业数字化就是一个典型的案例。日本强大的制造业基础为数字化转型提供了良好的试验田，2017年日本发布“互联工业”战略，积极推动人工智能、物联网、云计算等科技手段应用到生产制造领域，突破人口老龄化、劳动力短缺、产业竞争力不足等发展瓶颈。此外，日本还相继发布了《日本制造业白皮书》《综合创新战略》《集成创新战略》《第2期战略性创新推进计划

(SIP)》等战略和计划，推动产业数字化发展。

随着数字经济时代的到来，国际的数字竞争也日趋激烈。美国和中国在数字产业发展、数字人才培养、数字基础设施建设等方面都展现出较为强劲的竞争优势，而日本尽管通过实施从“e－Japan”到“i－Japan”的国家战略，加强了信息化基础设施建设，提高了互联网使用率，但在数字技术应用方面仍然表现得较为弱势。为了提高传统制造业的竞争力，在数字经济时代的国际竞争中取得优势，2017 年 3 月，日本政府决定发展以“互连产业”为核心的数字经济，推进传统制造业与数字技术融合，并于 2018 年正式将发展互联产业上升为国家战略。

在提出发展互连产业后，日本政府根据日本的产业优势与产业未来的发展前景，提出了互连产业重点发展的五个领域，即，自动驾驶与出行服务、制造与机器人、生物科技与材料、重型工厂与基础设施安保、智能生活。在自动驾驶与出行服务产业领域，为了提高日本汽车产业与欧美的竞争能力，日本政府决定利用数字技术大力发展自动驾驶与出行服务产业，具体举措包括：一是利用数字技术建立道路交通信息系统，改善交通状况，减少交通堵塞与交通事故；二是提高驾驶容易度与舒适度，让老年人的出行更加方便；三是加强政企数字技术合作，开发自动驾驶地图、交通信息数据库等公共基础设施，研发自助驾驶的方式与共享服务的模式。在制造与机器人产业领域，日本政府充分认识到在老龄化程度逐步加深、劳动力不足的日本社会，发展自动化生产对日本制造业的重要意义。日本政府将利用人工智能技术建立并进行数字化生产的生产系统称为“工业机器人”，并对工业机器人产业进行大力扶持，目前，日本建立了完整的工业机器人产业链，市场份额位居世界第一。发达的工业机器人产业为其他先进制造业的生产活动带来了极大便利，在提高生产效率和产品质量的同时，节约了生产成本。在生物科技与材料产业领域，日本政府在《未来投资战略 2017》提出，将在政府的主导下建立产学研合作平台，调动各方资源推进生物科技与材料产业的研发创新，在 2017 年提出的“东京举措”中，日本政府提出要让生物科技企业实现与用户的数据互连，开拓新领域与新项目，并加大力度利用数字技术提高材料研发能力。在重型工厂与基础设施安保产业领域，由于日本重工业起步较早，许多重型工厂，如钢铁工厂、化工厂、石油工厂等的生产设备都逐渐老化，而熟悉工厂内部状况的安全检查人员也逐渐到了退休年龄，这给日本重型工厂的安全生产带来了极大挑战。为了解决这一问题，日本政府决定成立“重型工厂数据利用促进会”，利用新兴的数字技术建立重型工厂的“安保生态系统”，提高重型工厂的安全检查与设备维修能力。在智能生活产业领域，随着日本高龄少子程度的逐步加深，日本的劳动力也在不断减少，为将有限的劳动力投入社会生产中，民众不得不减少家务劳动时间，因此，智能生活产业的发展就显得十分必要。日本以往的智能家居虽然可以联网，但“智能化”程度不高，若想进一步提高智能生活产业的发展水平，就需要搜集消费者的个人数据信息，而消费者的个人数据总是与个人隐私具有一定联系，为了解决这一矛盾问题，日本智能家居研究会于 2018 年开始了数据互连的合作领域试验实证研究，研究内容包括数据连接、产品安全、隐私保护等方面，并只能与生活产业的相关企业进行合作，确保对消费者信息的搜集不会导致消费者个人隐私的泄露。

日本政府在利用数字技术推动产业高质量发展时，主要集中于产业数字化方面，并有重点地选择了五个产业领域推动数字化转型，针对不同产业领域的特点制定了差异化的政策，极大地提高了产业数字化转型的效率。

（3）德国数字赋能产业高质量发展的经验借鉴。

与日本类似，德国也是一个传统的工业强国，德国制造业拥有全球领先的地位和优势，在汽车和汽车配件工业、机械设备制造业、化工制药业、电子电气工业以及可再生能源产业等方面均居于世界领先地位。以机械设备制造业为例，在该产业的 31 个部门中，德国有 17 个部门位居全球领先地位。德国工业产品以品质精良著称，“德国制造”已经成为高质量和高信誉的代名词。德国制造业不仅技术先进，而且规模庞大，以 2021 年为例，德国的工业增加值占据国民经济收入 26.61%，不仅在欧盟体系国家中占比最高，在全球也处于领先地位。德国的工业之所以如此发达，是因为其始终坚持以工业为基础的经济发展模式，并对工业科技创新提供了大量资金投入。但是，工业领域的成功无法掩盖数字领域的缺陷，长期以来，德国在重视工业发展的同时，忽略了数字技术的开发与数字经济的发展，在电信技术与计算机电子等方面落后于美国和日本，其互联网企业也无法与美国和中国竞争。随着数字经济的深入发展，德国政府意识到了数字技术对实现传统产业高质量发展的重要性，并采取了相应的政策措施，以下两点经验值得借鉴：

一是政府整合专业资源，建立高科技平台。与美国相比，德国信息产业并不发达，也没有像谷歌、微软一样的大型互联网企业，难以通过企业投资实现数字技术的发展。此外，以工业为基础的经济发展模式束缚了德国企业开发数字技术的积极性。部分德国政府官员担忧，如果德国无法在颠覆性技术领域取得领先地位，那么德国将面临工业增加值出现重大损失的风险，而作为世界上最成功的工业经济体，德国必须积极采取行动参与并塑造正在到来的产业变革，而不是被动应战。在这样的担忧下，2013 年德国政府于汉诺威工业博览会上正式提出了“工业 4.0”战略。“工业 4.0”战略主要分为“智慧工厂”“智能生产”和“智能物流”三个方面，涉及的关键技术是信息通信技术，具体包括联网设备之间自动协调工作的 M2M（Machine to Machine）、网络上的大数据处理与运用、生产系统以外的开发、销售、ERP（企业资源计划）、SCM（供应链管理）等业务系统联动等。在“智慧工厂”方面，该战略主要关注智能化生产系统与生产过程，以及分散化生产设施的实现。“智慧工厂”创新了产品的生产方式，通过对其所生产的智能产品进行特征识别，可以了解智能产品目前的状况、过去的发展历程以及实现其未来状态的方式。此外，“智慧工厂”致力于建立一个高度灵活的分散式生产模式，可以让“工业 4.0”战略惠及更多德国中小企业，让广大中小企业也能成为先进工业生产技术的创造者。在“智能生产”方面，该战略主张开放虚拟工作平台并大量使用人机交互系统，实现制造企业工作内容与工作流程变革，在此基础上，将智能化设备、智能化管理、智能化检测等技术融入工作内容与工作流程中，以此实现智能生产。在“智能物流”方面，该战略计划将互联网技术与物联网技术融入传统物流产业中，整合物流资源，一方面提高物流资源供给方服务效率，另一方面降低物流资源需求方对物流资源的获取难度。

经过近十年的发展，德国“工业 4.0”战略取得了一些成就。传统产业数字化建设取得了较大进展，如西门子、菲尼克斯电气、倍福和库卡机器人等企业均在“工业 4.0”时代推进了数字化转型。“工业 4.0”战略为德国政府、企业与学术界合作，共同推进工业现代化发展搭建了平台。尽管如此，“工业

4.0”战略仍存在一些缺陷，一是中小企业对“工业4.0”战略接受度不高，据欧洲经济研究中心与应用社会科学研究所统计，由于中小企业对数据泄露的担忧以及对数字技术给企业自身带来的利益缺乏适当的评价，德国只有约21%的中小企业在生产过程中使用了数字技术；二是数字技术专业人才不足，以2019年为例，约30%的德国企业对数字技术专业人才的需求增加了1倍，但由于以往对数字技术教育重视不足，导致德国的数字技术人才供不应求，针对这一问题，德国政府不断完善职业教育，加大数字人才培养，德国实现“工业4.0”战略的最终愿景任重道远。

二是制定数字经济反垄断政策，优化数字经济发展环境。互联网是培育壮大数字经济的关键载体，要深入发展数字经济，推动产业高质量发展，必须培育一批有创新引领能力的互联网企业。但是，由于存在“网络效应”，互联网企业往往极易实现市场垄断，即互联网企业提供的产品或服务会形成一个网络，能为用户带来额外的价值，或者说，互联网产品用户的收益会直接受到用户数量的影响，用户数量越多，用户从产品中获得的好处越大。随着用户数量的增多，企业利润随之增加，企业规模不断扩张，其结果就是对市场实现垄断。因此，对垄断的互联网企业实行适度的反垄断政策就显得尤为必要。

21世纪以来，由于德国信息产业发展滞后，缺乏具有竞争力的大型互联网企业，德国互联网市场被谷歌、Facebook、亚马逊等美国大型互联网企业瓜分，这3家公司加上苹果和微软的股市市值之和与德国一年的国内生产总值相当。这些大型互联网公司在各自的经营领域内居于垄断地位，导致德国互联网市场竞争不充分，阻碍了产业数字化发展。为解决这一问题，德国政府积极推动数字经济反垄断立法，并通过联邦卡特尔局对大型互联网企业的垄断行为展开了调查与处罚。在数字经济反垄断立法方面，2017年6月，德国议会对《德国反限制竞争法》进行了第九次修订，第九修正案增加了关于应对数字经济中垄断行为的条款，规定了评估大型互联网企业市场地位需要考虑的因素，并对滥用市场力量的行为做出了处罚规定，此外，第九修正案还对数字经济领域内的“扼杀式收购行为”做出了限制，以期保护本土互联网初创企业。2021年1月，德国议会对《德国反限制竞争法》进行了第十次修订，第十修正案进一步明确了大型互联网企业市场支配地位的认定标准，将“获取竞争相关数据能力”作为市场支配地位的重要影响因素。另外，第十修正案提出了“显著跨市场竞争影响”概念，这一概念特指市场经营者所拥有的在不同市场上大范围开展业务并取得一定市场力量的能力，其认定标准包括互联网企业在市场上的支配地位、资金与资源实力、纵向整合能力与“获取竞争相关数据能力”等方面，德国议会对具有“显著跨市场竞争影响”的企业市场行为做出了限制，避免这种超级市场力量遭到滥用；此外，还对滥用相对交易优势地位的行为做出了限制，避免市场交易中数据劣势方的权益遭到数据优势方的侵害。2022 年 5 月，德国联邦卡特尔局正式确定了社交媒体公司 Meta（Facebook 母公司）的显著跨市场竞争影响力，根据《德国反限制竞争法》第十修正案，在接下来的 5 年中，联邦卡特尔局将对 Meta 公司实行特殊的行为监管。这使 Meta 公司在未来的 5 年内，在没有正当理由的情况下，不能滥用自身的跨市场竞争影响力，Meta 公司五个方面的行为遭到限制：一是自我优待；二是针对竞争者的不当阻碍；三是不当的数据获取和数据组合；四是妨碍产品服务的互操作性或者影响数据的可携带性；五是不向竞争者提供服务及评估信息。Meta 公司一旦违反上述规制，将面临巨额罚款甚至拆分的处罚。

德国政府对数字经济内的垄断行为极度重视，通过制定反垄断法律约束了德国市场内大型互联网企业的垄断行为，从而维护了良好的市场竞争秩序，促进了数字经济领域内的产品与技术创新，为利用数字技术实现产业高质量发展创造了良好环境。

6.1.2 国内城市群数字赋能产业高质量发展的经验借鉴

（1）京津冀城市群数字赋能产业高质量发展的经验借鉴。

京津冀城市群通过一系列战略规划和实践探索，有效利用数字技术和数字平台推动了产业高质量发展。如《京津冀协同发展规划纲要》《京津冀健康医疗大数据应用发展》建设方案、《京津冀互联网教育公共服务大数据云平台建设方案》，通过这些文件推动了京津冀城市群传统产业的数字化转型，加速构建了数字平台，激活了数据要素市场，为数字经济赋能产业高质量发展提供了坚实的基础和广阔的空间。

第一，加强数字基础设施的共建共享。京津冀城市群致力于加快数字化、智能化改造升级，完善公共支撑平台对接连通，搭建结构合理、智能集约的“云网一体”技术支撑体系。同时，制定相关设计、建设和验收标准，支持利用建筑物、构筑物、地下综合管廊等空间建设信息基础设施。北京市加大对数字基础设施建设的投入力度，通过财政资金支持、引导社会资本参与等方式，推动数字基础设施快速发展。天津在数字经济发展方面注重培育新动能，推动传统产业数字化转型。例如，天津积极推动工业互联网发展，打造了一批工业互联网平台，支持企业上云用云。同时，天津市积极响应京津冀协同发展战略，加强与北京、河北等地的合作与交流，共同推动数字基础设施的共建共享。通过区域合作机制，实现数字资源的共享和优势互补。河北省在数字基础设施建设方面加大投入力度，加快构建高速、移动、安全、泛在的新一代信息通信网络。同时，加强与北京、天津等地数字基础设施的共建共享。

第二，共建数字经济创新体系。京津冀城市群抢抓数字经济创新发展的历史性机遇，从核心技术突破、创新要素集聚、产业数字化转型、国家实验室建设和协同创新机制构建等方面入手，打造各类主体广泛参与的数字经济创新体系。北京市充分发挥科技创新优势，推动数字技术与传统产业深度融合，提升数字基础设施的智能化水平。同时，加强与高校、科研机构的合作，推动数字技术的研发和应用。天津市积极对接北京的数字经济产业，引进和培育一批数字经济领域的龙头企业和创新型企业，推动数字基础设施与产业深度融合。同时，加强与河北等地的产业协作，共同打造数字经济产业链和生态圈。河北省在数字经济发展方面注重与北京、天津两地的协同合作，加强在核心技术研发、产业数字化转型等方面的合作。同时，加强数字基础设施建设，提升网络覆盖率和数据传输速度，为河北省数字经济发展提供有力支撑。

第三，完善合作机制。促进京津冀城市群数字经济协同发展，需要完善政府层面协调机制，加强京津冀城市群数字经济发展顶层设计，统筹协调三地数字经济发展。同时，完善跨区域合作利益共享机制，推进跨区域项目合作共建，搭建产业数字化信息平台，实现技术、人才、知识等要素资源跨区域及跨产业部门的自由流动、沟通共享。北京市高度重视数字经济发展，将数字经济作为全市“五子联动”战略布局的核心枢纽，出台了系列政策和措施。例如，《北京市数字经济政策精华汇编（2024）》梳理了过去两年北京市出台的23项数字经济相关政策，提炼形成了82条具体干货，涉及资金政策、试点项目、场景开放等多个方面。此外，北京还加强企业数字资源开发管理，建立健全企业数据资产登记、评估、交易等方面的政策法规和执行标准。天津市加快推进智慧城市建设，通过建设智慧城市大脑、数据中心等基础设施，提升城市管理和服务的智能化水平。同时，加强与其他城市的合作与交流，共同推动智慧城市协同发展。

（2）长三角城市群数字赋能产业高质量发展的经验借鉴。

长三角城市群包括上海、江苏、浙江和安徽三省一市，该地区在中国经济发展中占据重要地位。2020年，长三角城市群抢抓数字经济变革时间窗口，数字经济规模占区域GDP比重约为44%，占全国数字经济规模总量约为28%，其中，数字产业化占比26%，产业数字化占比74%。

长三角城市群数字经济的蓬勃发展，得益于其创新的产业数字化转型策略和坚实的政策支持体系。在产业数字化转型方面，长三角城市群积极推动传统产业与数字技术的深度融合，通过引入5G、人工智能、大数据、区块链和云计算等前沿技术，加快了区域内制造业、服务业等传统产业的智能化改造和升级。这不仅促进了新业态和新模式的发展，也加速了传统产业转型升级，提高了产业链的效率和竞争力。在数字产业化发展方面，长三角城市群已经形成了以电子器件、集成电路为代表的新一代信息技术产业体系，为数字经济核心产业发展奠定了坚实基础。同时，数字政府和智慧城市建设，推动了社会治理新模式的探索，提升了城市治理能力和治理水平。政策支持方面，长三角城市群数字经济发展得到了国家和地方政府的高度重视和大力支持。《数字长三角建设方案》等政策文件的出台，为长三角城市群数字经济一体化发展提供了明确的路线图和方向指引。地方政府因地制宜出台了产教融合、工业互联网平台建设、产业园区发展等一系列政策措施，旨在促进数字技术与实体经济深度融合，加速产业数字化和数字产业化发展进程。此外，长三角城市群还注重数据要素的市场化配置，通过构建"四位一体"的数据要素市场，推动数据资源的开放共享和高效利用，为长三角城市群数字经济发展提供了强大的数据支撑。

（3）粤港澳大湾区数字赋能产业高质量发展的经验借鉴。

粤港澳大湾区包括香港特别行政区、澳门特别行政区和广东省广州、深圳、珠海、佛山、惠州、东莞、中山、江门、肇庆九个珠三角城市，是中国经济最活跃的区域之一。该地区在数字经济发展上具备政策、科创、金融和产业优势，数字经济已成为推动粤港澳大湾区经济社会发展的核心引擎。粤港澳大湾区通过一系列综合性措施，成功推动了产业的数字化转型和高质量发展。在数字技术创新与应用方面，粤港澳大湾区内的深圳和广州等城市在新一代电子信息、智能机器人、软件与信息技术服务、智能网联汽车等关键领域取得了显著成就。这些技术的应用不仅优化了生产流程，还促进了新业态的形成，为粤港澳大湾区的经济发展注入了新动力。

推动产业数字化转型是粤港澳大湾区经济发展的另一重点。通过工业互联网技术的应用，推动了超过1.5万家工业企业数字化转型，带动了50万家企业“上线用云”，有效降低了运营成本，提升了生产质量和效率。此外，加强数字基础设施建设是粤港澳大湾区数字经济发展的重要基石。广东省在5G基站建设方面位居全国第一，这为5G网络的广泛覆盖和行业应用奠定了坚实基础，进而为数字经济的快速发展提供了必要的网络支撑。产业集群的数字化转型是粤港澳大湾区推动经济高质量发展的又一亮点。以佛山顺德为例，当地产业链上的美的、新宝电器等龙头企业，带动上下游企业共同开展数字化转型。一系列转型措施打通上下游产业链信息系统，引导中小企业构建数字化、智能化生产车间，实现了企业价值链条的全面打通，降低了单个企业的转型成本，同时提升了整个产业集群的市场竞争力。

6.2 成渝地区双城经济圈数字赋能产业高质量发展的模式选择

6.2.1 数字赋能产业高质量发展的模式分析

通过对国内外数字赋能产业高质量发展的经验总结，基于推动数字赋能产业高质量发展的主体以及实现载体的不同，提出数字赋能产业高质量发展的不同模式。

(1) 按照主体分类。

按照数字赋能产业高质量发展的主体不同，可以分为政府主导模式、企业主导模式、政府与企业协同模式。

第一，政府主导模式。政府主导模式是指由政府引导数字技术促进产业高质量发展，符合这一模式的案例包括20世纪90年代的美国、日本和德国。在这一模式下，政府主要通过制定数字经济发展的大政方针和全局规划、建设数字基础设施、加强数字核心技术开发、完善数字领域立法等方式为数字经济发展创造良好的条件，在此基础上，政府大力鼓励数字产业发展，积极推动传统产业与数字技术融合，实现数字赋能产业高质量发展。当然，政府主导模式并不意味着政府操办一切，广大企业依然是数字经济发展的重要载体，利用数字技术实现产业高质量发展离不开广大企业的参与。但是，当数字基础设施建设不完善、数字产业发展不成熟、市场制度不健全时，利用企业推进数字技术进步，进而实现产业高质量发展往往是不现实的。例如，数字基础设施的建设需要长期的资金投入，而企业往往既缺乏资金、也缺乏动力进行基础设施投资，在这种情况下，采用政府主导模式就显得十分必要了。政府主导模式也并非政府主导一切，数字经济是充满活力的经济，如果政府对数字经济发展干预过多，管得过死过严，就可能导致数字经济丧失活力，使产业高质量难以实现。因此，在采取政府主导模式时，应有意识地引导企业发挥主动性和创造性，增强数字经济发展活力。

第二，企业主导模式。企业主导模式是指由数字经济领域内的企业推进数字产业发展与产业数字化转型，进而实现产业高质量发展。在这种模式下，企业（一般为互联网企业）在经济利益的驱使下，一方面通过加强数字技术开发，直接促进数字产业的发展，另一方面将数字技术与传统产业融合，推动传统产业数字化转型，最终实现整个国民经济产业的高质量发展。企业主导模式的应用条件较为苛刻，一般在数字基础设施建设比较完善、数字产业发展较为成熟、数字市场发展水平较高且市场机制健全的情况下才有可能实现，因此，采用这一模式的国家与地区不多，上述案例中较为符合这一模式的只有21世纪后的美国。企业主导模式的优势是可以充分发挥企业作为微观经济主体的积极性与创造性，增强数字经济发展活力，提高数字技术开发效率，此外，由于企业的创新成果直接与经济效益挂钩，企业开发数字技术的所需资金也主要来源于营业收入，无须政府过多的资金支持，可以节省大量的政府开支。但是，由于外部性的存在，部分共性数字技术的开发力度可能不足，另外，由于网络效应的存在，部分大型企业可能对数字市场进行垄断，降低市场运行效率，因此，采用企业主导模式并不意味着政府不发挥作用，政府在这种模式下的主要作用为优化营商环境、维护公平的市场竞争秩序、对“数字垄断”行为进行管制，同时加大对共性数字技术开发的支持力度，弥补市场的不足。

第三，政府与企业协同模式。政府与企业协同模式是指政府和企业充分发挥各自优势，利用数字技术推进产业高质量发展。在这种模式下，政府通过做好数字经济发展的顶层设计与战略规划，完善数字基础设施建设等措施提高数字技术基础发展水平，并通过产业园区建设、政府采购等方式鼓励新兴产业发展。企业在政府政策的引导下，充分调动自身的积极性与创造性，加强数字技术科研攻关，提高数字技术与数字产业发展水平，同时，在政府引导下积极推动数字技术与传统产业融合，培育数字经济新业态。政府与企业共同主导模式的实施条件虽然不如企业主导模式那样苛刻，但仍然对数字基础设施建设水平、数字企业发展水平等有一定要求。政府与企业共同主导模式兼具政府主导模式与企业主导模式两者的优势，但同时也要注意在这种模式下大型互联网企业仍然可能实现垄断。因此，政府必须审慎行事，深入研判数字市场发展现状及趋势，提高促进数字经济发展的决策科学性，此外，加强对市场公平竞争秩序的维护，尤其要对中小企业进行适度的政策扶持。

根据上述分析，表6.1从实施主体、优缺点以及适用条件等方面对三种模式进行了归纳比较。

表6.1　基于不同主体的数字赋能产业高质量发展模式比较

模式	实施主体	优点	缺点	适用条件
政府主导模式	政府	适用范围广，应用难度小，推进力度大	需要大量资金投入，可能会产生数字经济发展活力不足等问题	数字基础设施建设水平较低，数字产业发展不成熟，数字市场发展水平较低

续表

模式	实施主体	优点	缺点	适用条件
企业主导模式	企业	能发挥微观经济主体的活力与创造力，节省政府开支	应用难度高，可能会产生共性技术开发不足、形成“数字垄断”等问题	数字基础设施建设水平高、数字产业发展成熟、数字市场高度发达且市场机制健全
政府与企业协同模式	政府和企业	适用范围广，激发市场活力与创造力，可以避免垄断的产生	应用难度高，利益分配难不易监管和评估	数字基础设施建设基本完善、数字企业发展水平较高

（2）按照载体分类。

按照数字经济推动产业高质量发展的载体不同，可以分为数字技术推动模式、数字平台推动模式、数据要素推动模式。

第一，数字技术推动模式。首先，数字技术利用数字化、网络化、智能化手段，实现信息的高效处理、传输和应用，促进自动化、个性化，提高实时性和成本效益，同时注重安全性、集成性和可持续性。数字技术能够贯穿研发、生产、流通、服务和消费全流程，优化资本、人才等传统生产要素的配置效率。通过大数据、云计算等技术，企业可以更加精准地掌握市场需求和供应链动态，实现资源的精准配置和高效利用。其次，数字技术能够拓宽产业融合的横向边界、延长纵向产业链，推动全产业链泛在链接和协作，支撑构建全面互联制造体系，有助于打破传统发展模式，简化资源要素流动途径，实现要素配置合理化，促进产业链上下游及产业间协调发展。最后，数字企业正成为产业技术的主要创新源泉，瞄准市场需求、应用场景进行技术创新，推动新技术的扩散和应用，不断深化数字技术与制造业、农业、金融等行业的融合程度。通过创新组织形态、模糊产业边界、重构产业链关系等方式，缓解产业发展面临的资源环境约束等问题，实现产业高质量发展。

第二，数字平台推动模式。数字平台可以通过集成的技术架构，实现资源的集中管理、服务的快速部署、信息的实时交互和用户体验的个性化定制，促进网络效应、创新驱动和业务生态的可持续发展。数字平台通过提供数据集成、分析和处理功能，能够优化传统要素的配置。例如，企业可以利用平台上的大数据分析工具，更加精准地把握市场需求，调整生产计划，提高资源利用效率。数字平台还可以促进要素的流动和重组。基于平台的连接作用，企业可以更容易地获取资金、技术、人才等外部资源，实现资源的优化配置和高效利用。此外，数字平台通过连接产业链上下游企业，打破了传统产业链的信息壁垒，促进了信息的流通和共享。这使产业链中的各个环节能够更加紧密地协作，提高整个产业链的运作效率。数字平台还可以推动产业链升级。通过引入新技术、新应用，平台能够推动产业链向高端化、智能化、绿色化方向发展，提升产业链的整体竞争力。另外，数字平台通过跨界融合、资源共享等方式，推动了不同产业之间的融合。例如，电商平台推动了零售业与物流业的融合，共享出行平台推动了交通运输业与服务业的融合等。这种融合不仅拓宽了企业的业务范围，也提高了整个产业的竞争力。最后，数字平台还促进了新业态的涌现。通过整合各类资源，平台能够孵化出具有创新性的商业模式和产品，推动产业向更高层次发展。

第三，数据要素推动模式。数据要素具有非竞争性、可共享性和无限增长等特性，使其可以被多次利用且价值不会递减。这种特性可以赋能劳动力、资本和土地等传统要素的利用方式不断优化，通过精准的数据分析，企业可以更加有效地配置资源，提高生产效率。数据要素还可以揭示传统要素之间的关联性和互动性，帮助企业发现新的生产模式和经营策略，从而在传统要素的基础上创造更大的价值。此外，数据要素能够贯穿产业链的各个环节，实现各环节之间的信息共享和协同作业。通过数据分析，企业能够更加准确地把握市场需求、生产状况和供应链动态，从而优化生产计划和库存管理，提高产业链的整体运作效率。数据要素还能推动产业链的升级。通过对大量数据的挖掘和分析，企业能够发现新的市场机会和商业模式，推动产业链向更高层次发展。同时，数据要素还能促进不同产业链之间的交叉融合，形成新的产业生态。最后，数据要素具有强大的连接性和融合性，能够将不同领域、不同行业的数据进行整合和分析，促进不同业态之间的融合。通过数据要素的驱动，传统产业可以与新兴产业深度融合，创造新的商业模式和产品服务。

根据上述分析，表6.2从优缺点以及适用条件等方面对三种模式进行了归纳比较。

表 6.2　　基于不同载体的数字赋能产业高质量发展模式比较

模式	优点	缺点	适用条件
数字技术推动模式	创新驱动产业发展，提升效率，催生新业态	较高的技术门槛，研发以及基础设施建设投资成本大	技术人才和研发能力的支撑，足够的资金支持，技术引进和升级
数字平台推动模式	整合资源与要素，扩大市场范围	易导致市场集中，造成“数字垄断”	良好的网络基础设施和用户基础，明确的商业模式和盈利机制
数据要素推动模式	提供决策支持，创造新价值，提供个性化服务	在数据隐私以及安全性等方面面临挑战	强大的数据收集、处理和分析能力，完善的法律法规

6.2.2　数字赋能成渝地区双城经济圈产业高质量发展的模式选择

党的十八大以来，党中央高度重视数字经济发展，川渝两地政府也为发展数字经济做了相关部署。近年来，川渝两地数字经济建设取得了巨大成效，数字经济体量不断增大，2023 年四川省数字经济核心产业实现增加值 4899.07 亿元，占 GDP 的比重为 8.1%，重庆市数字经济核心产业增加值为 2296.6 亿元，同比增长 4.7%。目前，成都市已建设成为全球重要的电子信息产业基地，也是目前我国中西部地区唯一的“中国软件名城”，未来，依托成渝枢纽建设，成渝地区双城经济圈数字经济将进一步振兴。然而，在成渝地区双城经济圈数字经济飞速发展的同时，仍存在一些问题：首先，数字经济总体规模不大，与长三角、珠三角、京津冀等城市群尚存一定差距；其次，区域内部数字经济发展水平不平衡，成都市与重庆市主城区数字经济发展水平较高，其他地区发展水平偏低，成都市与重庆市主城区对周边地区的辐射带动作用不足；最后，区域内缺乏有竞争力的龙头企业，缺乏成渝地区本土有竞争力互联网企业。近年来，虽然华为、腾讯、阿里巴巴等互联网公司落户成渝地区，但这些互联网公司在成渝地区双城经济圈的业务大多为销售业务，研发业务偏少。因此，在成渝地区双城经济圈通过企业主导实现数字经济赋能产业高质量的时机尚不成熟。与此同时，成渝地区双城经济圈在数字经济发展基础、数字产业发展水平、数字企业综合实力等方面与我国长三角、珠三角、京津冀等城市群也存在较大差距。当前，成渝地区双城经济圈在利用数字经济推进产业高质量发展时，应采取政府主导模式，进一步推进数字基础设施建设，尤其要重视成渝地区双城经济圈北部中小城市群与南部中小城市群的数字基础设施建设，为缩小区域内部数字经济发展水平差距奠定基础。同时，应加大对数字龙头企业的培育，推进大型互联网公司在成渝地区业务向深层次发展。在数字基础设施逐步完善，数字龙头企业实力壮大后，可以采用政府与企业共同主导模式。在数字基础设施建设全面完善、龙头企业综合实力大幅提高、数字经济高度繁荣后，则可以采用企业主导模式。

从成渝地区双城经济圈数字经济发展现状来看，数字产业发展情况较高，数字发展支撑次之，数字基础设施发展较差。数据要素发展优于数字技术、数字平台发展水平，因此，成渝地区双城经济圈在数字赋能产业高质量发展过程中可以侧重于优先使用数据要素这一载体为产业发展提供动能，以数据要素作为主要载体，充分发挥数据资源的核心驱动作用，通过深度挖掘和利用数据要素，推动产业升级和创新，实现产业高质量发展。同时，辅以先进的数字技术和高效的数字平台，实现数据的快速流通、高效整合和智能应用，为产业高质量发展提供强有力的支撑。

6.3　本章小结

本章通过对国内外数字赋能产业高质量发展的经验总结，提出了数字赋能产业高质量发展的具体模式。按照主体不同，可以分为政府主导模式、企业主导模式以及政府与企业协同模式；按照载体不同，可以分为数字技术推动、数字平台推动以及数据要素推动三种模式。结合成渝地区双城经济圈数字经济与产业发展基础，以及数字经济与产业融合共生水平，因地制宜采取不同发展模式，可以更好地推动成渝地区双城经济圈产业高质量。当前，成渝地区双城经济圈可以采用政府主导模式，随着数字经济和产业发展水平的提升，逐渐向政府和企业协同主导模式和企业主导模式转变。以数据要素为主要载体，辅以先进的数字技术和高效的数字平台，实现数据的快速流通、高效整合和智能应用，为成渝地区双城经济圈产业高质量发展提供强有力的支撑。

第 7 章

数字赋能成渝地区双城经济圈产业高质量发展的实现路径

基于成渝地区双城经济圈自身优势，聚焦数字化阶段发展重点，探索数字赋能成渝地区双城经济圈产业高质量发展的实现路径。以加速数字化转型为主攻方向，从系统内部融合和系统外部保障两个维度，对数字赋能成渝地区双城经济圈产业高质量发展的实现路径进行设计。系统内部融合路径主要包含释放数字经济红利、缩小区域产业发展差距、加强创新要素集聚、推进政产学研合作、建设现代智能产业体系五个方面；系统外部保障主要包括政策、技术和经济环境保障三个方面。

7.1 总体思路

近年来，成渝地区双城经济圈数字经济发展取得了重大成就，但“中部塌陷”问题在数字经济领域也变得越来越突出，成都市与重庆市主城区之外的地区数字经济发展较为落后，不仅产业数字化发展滞后，而且数字产业本身也存在巨大差距，由此可见，成渝地区双城经济圈数字经济的发展并没有产生较为明显的溢出效应。在探索成渝地区双城经济圈产业高质量发展的实现路径时，应当在数字经济与产业互利共赢、协同发展目标的前提下，综合考虑成渝地区双城经济圈数字经济与产业融合共生发展的系统内部融合与系统外部保障因素，推进成渝地区双城经济圈重点行业领域全产业链协同数字化转型。鉴于此，成渝地区双城经济圈产业高质量发展的系统内部融合路径主要借鉴国内外相关经验，结合实际情况，包含释放数字经济红利，推进数实融合发展；协同推进产业发展，缩小产业发展差距；加强创新要素集聚，激发产业创新潜力；加强政府引导，推进政产学研合作；建设现代智能产业体系，提升产业链供应链韧性五个具体路径。系统外部保障路径主要从政治环境、技术环境、经济环境予以考虑，为成渝地区双城经济圈产业高质量发展提供环境保障。因此，综合考虑数字经济与产业融合共生发展系统内外部因素，提出成渝地区双城经济圈产业高质量发展的实现路径，从而确保路径设计的合理可行，总体思路如图 7.1 所示。

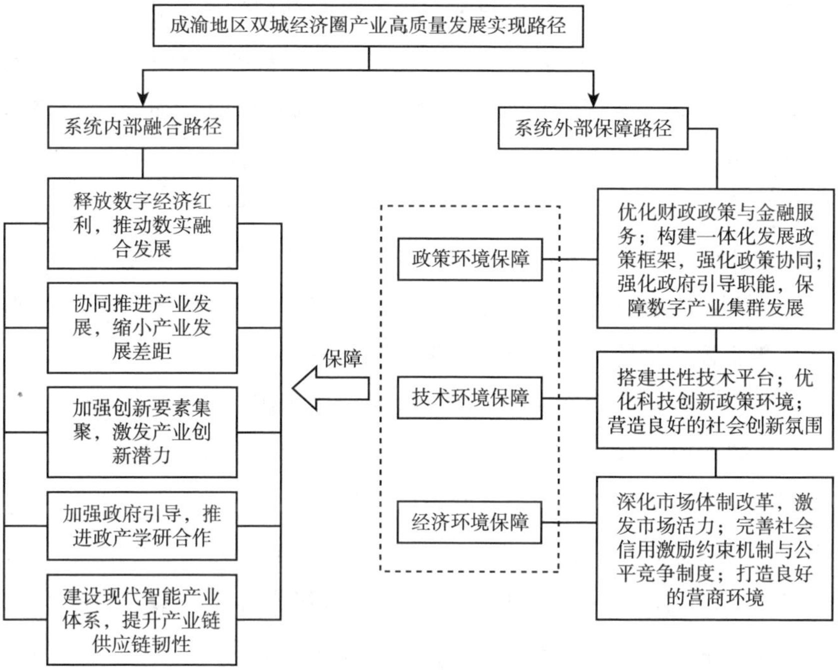

图 7.1　成渝地区双城经济圈数字赋能产业高质量发展路径框架

7.2　系统内部融合路径

7.2.1　释放数字经济红利，推进数实融合发展

一是持续构建数字生态。构建数字产业发展体系，围绕成渝地区双城经济

圈数字经济与产业融合集群发展，坚持平台融合创新、数字赋能产业，加速搭建公共服务平台，完善公共服务体系，为产业数字化、智能化升级提供产业链、创新链、人才链、资金链、服务链，多链条融合、全要素支撑，形成推进产业数字化转型的良好产业生态。发挥成渝地区双城经济圈各城市产业优势，加强产业协作，共同打造数字经济产业链。推动数字技术与传统产业深度融合，提升传统产业数字化、网络化、智能化水平。同时，积极培育人工智能、大数据、云计算等数字产业，形成数字产业集聚效应。此外，加强数字产业创新体系建设，鼓励企业加大研发投入，提升自主创新能力，推动数字产业高质量发展。在具体措施上，可以建立成渝地区双城经济圈数字生态合作机制，加强政策沟通和协调，共同制定数字生态发展规划。同时，加强人才培养和引进，提升数字生态发展的人才支撑能力。此外，加强数字生态安全保障，完善网络安全防护体系，确保数字生态健康有序发展。充分发挥数字经济推动产业转型升级和产业结构优化效应，助推区域经济高质量发展。整合高校、科研机构、社会、企业等数字创新资源，最大限度释放创新主体的数字技术创新效能，赋能产业数字化转型，推进产业链与创新链融合。

二是夯实新型基础设施建设。发挥政府引导作用，加强顶层设计，制定多层次、全覆盖的财政扶持政策，引导数字经济赋能产业高质量发展。推进数字产业融合协同发展，共建国家一体化算力网络枢纽节点，积极布局以服务大数据中心、智能服务中心为代表的服务算力基础设施。聚焦工业互联网“网络、平台、安全”三大体系，推动工业互联网标识解析体系建设，分阶段、分行业、有步骤地推进工业互联网平台在传统产业中的应用。针对需求响应慢、产品研发周期长、同质化严重以及库存压力大等问题，可以利用工业互联网平台实现个性化定制与柔性生产，缩短产品研发周期与产品交付期，提高采购效率，降低产品库存率；针对高能耗、高排放、设备与工序管理难度大、下游行业需求多元化的业务痛点，可以利用工业互联网平台实施能源管理、设备状态监测与工艺优化，推进供应链协同，达到节能减排、优化资源配置、提高产品质量、缩短供应链周期以及降低库存的目的；针对机理复杂度高的关键工序，可以利用工业互联网平台“小范围、微服务”的技术特性，开展跨专业协同的产品研发，提升研发效率，降低实验成本；针对工序复杂、产品研发周期长、产品质量不稳定、产品出厂后运维难度大的问题，可以利用工业互联网平台开展协同研发设计、远程运维以及协同制造，缩短产品研发周期、提高生产效率、降低次品率以及运维成本。把握信息基础设施快速演进升级的重要契机，加强顶层设计与前瞻布局，统筹推进通信网络基础设施、算力基础设施、融合与创新基础设施建设，聚焦5G、卫星互联网、物联网、人工智能平台等重点领域，大力推进体系化建设、规模化部署、产业化应用，推动新一代信息基础设施向云网融合、智能敏捷、绿色低碳、安全可控的方向加速演进。部署传感器、实施远程监控和数据分析，实现资源的高效利用和管理的自动化，为产业升级提供技术支撑。此外，加强人工智能、大数据、云计算等关键数字技术的研发和应用，建立更多的数字技术研发中心和创新实验平台，吸引和培养高技能人才，推动关键技术的创新和商业化应用。大力发展大数据中心和云计算服务，鼓励建设大型数据中心，以支持大数据的存储、处理和分析，为企业提供数据服务，促进数据资源的共享和开放，加强实体与数字技术融合。进一步推广云计算服务，尤其是在公共服务领域，以降低企业IT成本，提高数据处理的灵活性和效率。

三是构建数字产业集群协同发展机制。探索成渝地区双城经济圈数字产业集群跨区域、跨平台协同机制。成都着重发展数字经济研发和应用，重庆重点强化智能制造，加强数字化技术设施建设，推进传统产业数字化转型升级；德阳、绵阳、遂宁、宜宾等地发展与数字经济配套的基础设施和智能终端。进一步优化5G和千兆网布局，扩容提质国家级互联网骨干直联点、国家“星火链网”区块链超级节点，深化拓展中新国际数据通道应用，积极参与“东数西算”工程，推动数字经济高质量发展。数字产业协同发展需要平台生态的支撑，鼓励企业建立行业分析平台，外部数据采集平台、内部数据管理平台等，构建数字化孪生模型，实现智能化生产与服务，提高数字化组织的资源利用效率和业务响应速度。需要注意的是，平台的建设与运营需要具备数据开发和共享、安全和隐私保护能力，同时，平台生态的构建也需要兼顾企业内、外部数据的整合与流通，更好地促进数字化组织和外部合作伙伴的协同发展。

7.2.2 协同推动产业发展，缩小产业发展差距

一是加强区域产业发展互联互通。积极搭建区域合作交流对话平台，打造公共服务平台，实现资源共享，助力成渝地区双城经济圈数字经济与产业协调发展。协同打造数字产业集聚区，依托成渝北线、中线和南线综合运输通道，夯实成渝主轴发展基础，加强成渝地区双城经济圈产业发展的互联互通，加速资源配置、市场建设、经济循环一体化进程，构建梯度协调的产业发展体系。交通物流是产业互联互通的基石，进一步加强成渝地区双城经济圈交通基础设施建设，完善公路、铁路、航空、水运等多元化交通网络，提升区域内部以及对外交通的便捷性和连通性。通过建设高速公路网、优化铁路货运通道、拓展航空货运网络等措施，形成高效快速的物流通道，降低物流成本，提高物流效率。加强物流信息化建设，推动物联网、大数据等技术在物流领域的应用，提升物流信息化水平。通过建设智能物流平台，实现物流信息的共享和协同，提高物流运作的透明度和可追溯性。优化产业链布局，促进产业要素在成渝地区双城经济圈的高效流通和合理配置。产业链协同合作是区域协同发展的重要途径，依托成渝地区双城经济圈内各城市的产业优势，加强产业链上下游企业的合作与交流，形成紧密的产业链合作关系。通过共同打造产业链协作平台，推动产业链各环节的有效衔接和协同发展，提升产业链的整体竞争力。同时，积极推动成渝地区双城经济圈产业集群化发展，培育一批具有竞争力的产业集群。通过优化产业布局，引导企业向优势区域集聚，形成规模效应和集群效应。加强产业集群内部的协作与配套，提升产业链的整体效能。此外，加强国际交流与合作，引进先进技术和管理经验，推动成渝地区双城经济圈产业集群向高端化、智能化方向发展。

二是发挥中心城市辐射带动作用。充分发挥重庆、成都的示范引领作用，发挥中心城市产业发展的辐射作用，带动成都平原城市群发展，扶持川东北、川南地区夯实数字经济基础设施建设，依托先进产业集聚区，做特做优优势产业，解决成渝地区双城经济圈中部塌陷问题，推动成渝地区双城经济圈产业高质量协同发展。从产业链分工角度，成都、重庆需要充分发挥中心城市承上启

下作用，基于产业链分工进行产业差异化布局，以高技术产业和制造业为主，大力发展具有区域特色的优势产业集群。共建共享主导产业研发平台、技术转化平台等产业技术支撑平台，夯实产业发展基础，逐渐缩小成渝地区双城经济圈内产业发展差距。非中心城市要积极发挥产业配套作用，非中心城市具有人力、土地等综合成本较低的优势，进一步优化营商环境，积极承接中心城市产业转移，重点发展一般制造业，加快产业特色化、规模化、集群化发展进程。非中心城市通过承接中心城市产业转移，积极发挥自身特色产业优势，形成与中心城市错位发展格局，培育新的经济增长点。同时，深化中心城市与非中心城市的全面合作与紧密连接，以协同发展为核心理念，积极构建区域联动机制。通过深入挖掘各地优势资源，实现优势互补，推动资源共享，进而加快经济一体化进程，实现产业协同发展。在具体实践中，应注重提升区域合作的深度和广度，加强政策对接与协同，构建高效便捷的交通和信息网络，为区域联动提供有力支撑。加强人才培养与交流，促进科技创新与成果转化，为区域协同发展注入新动力，形成更加紧密、高效、可持续的区域联动发展格局，为成渝地区双城经济圈经济持续健康高质量发展提供有力保障。

三是优化区域产业发展布局。在提升中心城市产业竞争力的同时，优化区域产业发展布局，避免资源要素过度集中，促进中心城市与非中心城市产业协同发展。利用邻近城市的正向溢出效应和产业集群的外部经济效应，推动成都和重庆两城中间经济塌陷地带城市优势产业发展，加强与周边地区基于数字技术的优势产业协同合作，积极承接数字产业转移，提升产业数字化发展水平。同时，实施差异化、动态化的数字经济和创新驱动发展战略，加强中间地带城市数字基础设施建设，缩小“数字鸿沟”，加强优势产业发展的硬件支撑和技术支撑，有效缩减成渝地区双城经济圈各城市产业发展差距，全面推进成渝地区双城经济圈产业高质量发展。做强科创特色，围绕创新链构建服务链，培育引进高质量孵化器、加速器，为成渝地区双城经济圈内企业发展提供全方位服务。积极引进关联性大、带动性强的大企业大集团，发挥其辐射、示范、信息扩散与销售网络的产业龙头作用。依托大型龙头企业，开发建设行业性研发中心、质检中心、博士后流动站，增强产业核心竞争力。以大型企业为基础，以拳头产品为龙头，按照自愿、互利的原则，组建大型产业集团，鼓励大型产业集团将一些配套件及特定的生产工艺分离出来，形成一批专业化配套企业，积极支持中小企业融入龙头企业的供应网络，实现优势互补。

7.2.3 加强创新要素集聚，激发产业创新潜力

一是打造产业创新优势。成渝地区双城经济圈是中国西部地区装备制造、电子信息、汽车制造等产业规模最大最齐全的地区，借助“一带一路”“长江经济带”等重大战略的深入实施，整合两地汽车制造、装备制造等优势产业和支柱产业资源，形成产业创新优势。推动成渝地区双城经济圈产业链供应链优化升级，提升产业链供应链整体竞争力。一方面，加强产业链上下游企业的协同合作，推动产业链向高端化、智能化、绿色化方向发展；另一方面，依托现有产业基础，培育壮大新兴产业和未来产业，打造一批具有全球竞争力的产业集群。同时，加强与国际先进产业的对接合作，引进先进技术和管理经验，推动产业创新升级。积极构建协同创新体系，通过搭建政产学研用深度融合的创新平台，促进高校、科研机构与企业之间的紧密合作，实现资源共享和优势互补。鼓励企业加大研发投入，提升自主创新能力，形成一批具有核心竞争力的创新型企业和产业集群，为产业创新提供强有力支撑。

二是增强创新人才储备。通过成渝高校联盟等方式，共同构建成渝地区双城经济圈高等教育区域级集群。构建全域创新网络，加强对绵阳、雅安、广安等创新次中心培育力度，完善产业链、知识链、创新链建设，提高成渝地区双城经济圈合作创新体系的运作效率和创新能力。深化高等教育改革，优化人才培养机制。成渝地区双城经济圈内拥有众多知名高校和科研机构，是人才培养和科研创新的重要基地。进一步加大高等教育投入，提升高等教育质量，打造一批具有国际影响力的学科和专业。加强企业与高校、科研机构的合作，推动产学研深度融合，培养更多适应产业发展需求的高素质人才。完善人才激励机制，吸引和留住更多优秀人才，为成渝地区双城经济圈创新发展提供智力支持。构建多元化的人才引进体系，针对不同领域和层次的人才需求，制定差异化的人才引进政策，为高层次人才和紧缺人才提供优厚的待遇和条件，吸引其来成渝地区工作和生活。同时，加强与国内外知名企业和科研机构的合作，建

立人才交流和合作机制，引进更多的创新资源和成果。此外，注重本地人才的培养和挖掘，通过搭建各类人才成长平台，激发其创新潜能和活力。营造良好的人才发展环境，高度重视科教融汇、产教融合，加快部署和成渝地区双城经济圈经济发展相匹配、具有鲜明本土化特色的高等教育、职业教育体系，推动校企聚焦关键核心技术开展深度合作，通过塑造“教育—产业—科技”三位一体的融通互动机制，提升创新型人才的自主培养能力，为成渝地区双城经济圈建设输送高质量人才。

三是构建区域协同创新体系。围绕电子信息、生物医药、高端装备、新能源、新材料等重点领域形成一批具有国际竞争力的创新共同体，通过区域产业协同、制度协同、科技协同等，促进人才、资金、技术、企业等各类创新资源自由流动和高效集聚，实现创新资源的空间重组和有效配置，通过打造成渝地区双城经济圈区域协同创新体系，不断释放创新资源的张力和活力，形成创新驱动产业高质量协同发展新格局。在成都平原城市群、川北城市群、川南城市群，以及重庆区域构建“基础研究—技术研发—中试生产—产业化”的产业链创新链共生发展生态，探索区域内“科创飞地 + 产业飞地”模式，推进城际间科技创新与产业转化的同频共振。加快推进优势产业地区，特别是一些拥有深厚制造底蕴的城市提升自主创新能力，引导其在优势领域兼顾规模扩容和技术迭代，建设具有核心竞争力的创新型产业园区、创新型产业集群等创新载体，形成一批具备全球影响力的“制造 + 创新”重镇。

7.2.4 加强政府引导，推进政产学研合作

政产学研合作模式是发达国家常见的创新合作模式，充分利用政府、企业、高校与科研机构的优势资源，加强数字核心技术攻关，为传统产业数字化转型奠定良好的技术基础。基于成渝地区双城经济圈数字经济和产业发展现状，可采取政府主导的政产学研合作模式，包括科技工业园区、企业孵化器、专利许可和技术转让三种主要的实现形式。

一是科技工业园区。通过科技工业园区的集聚效应，进一步加强政府、高校、企业与科研机构之间的深度联系与高效协同，充分利用各主体优势资源，

实现“数字科技成果生产”向高效化、规模化和低成本化方向发展。充分利用川渝两地研究型大学的知识、科技与人才资源，鼓励高校在园区设置数字核心技术研究与开发实验室，鼓励高校科研人员积极参与数字核心技术项目攻关工作，发挥其专业优势和创新精神，加强高校与企业之间的技术合作，通过产学研一体化模式，加速科研成果向实际产品的转化。依托科技工业园区功能规划，高标准做好园区基础设施建设，配套开发产业性的研发中心、质量检测中心、职业培训中心、物流中心等功能设施，将园区打造成为产业高度聚集的平台、产业快速发展的载体，产业区域化发展的龙头。

二是企业孵化器。企业孵化器为新建的数字技术企业提供资金支持、办公场地、实验室与科研设备，帮助其制定经营规划、开拓市场以及提供后勤服务等，通过提供全过程的服务与各种设施设备，降低企业创新创业失败率。通过政策引导和市场机制相结合，打造一批高新数字技术企业孵化器，配备先进的基础设施和专业的管理团队，以提供更为高效、专业的服务。同时，鼓励数字技术人才充分利用企业孵化器的平台优势，积极创办高新技术企业，特别是工业互联网企业，为传统产业的数字化转型提供必要的技术支持和服务，推动产业链的整体升级和数字化转型。构建完善的孵化服务体系，包括提供办公场地、基础设施等硬件支持，以及政策咨询、市场分析、融资对接等软件服务。同时，搭建相应的创业导师团队，为初创企业提供个性化的创业指导和专业培训，帮助企业解决成长过程中遇到的各种问题，加强与其他孵化器、高校、科研机构等的合作与交流，实现资源共享和优势互补。

三是专利许可和技术转让。首先，政府通过实地调研、专题座谈、网上对话等形式与企业搭建通畅的信息沟通渠道，通过有效沟通及时总结企业在数字技术应用过程中遇到的难点和问题。其次，与研究型大学和科研机构合作，以立项形式将企业的技术难题交付科研力量雄厚的研究型大学和科研机构展开研究，并为其提供资金支持，科研成果专利权归政府所有。政府根据实际需要，将技术成果有偿或无偿地转让给企业使用，以此推动企业数字化转型发展。政府应构建完善的专利许可和技术转让服务平台，通过搭建线上线下相结合的信息共享平台，集中展示成渝地区双城经济圈专利技术和创新成果，促进技术供需双方的精准对接。同时，平台提供专利评估、交易撮合、法律咨询等一站式服务，降低技术转让的交易成本。加强知识产权保护和执法力度，建立健全知识产权保护体系，加大对侵权行为的打击力度，为专利许可和技术转让提供有力保障，加强知识产权宣传教育，提高全社会对知识产权的尊重和保护意识。

7.2.5 建设现代智能产业体系，提升产业链供应链韧性

一是推动传统制造业数字化转型。着力提升成都、重庆两城市的产业创新发展能力，铸造制造业高质量发展“双引擎”。成渝地区双城经济圈的外围地区以发展汽车、电子信息等产业为主，打造“科技研发在中央，制造在外围，梯度布局，链式配套”的产业分工布局体系。调整优化重要产业平台，大力发挥四川天府新区、重庆两江新区的带头作用，加快推动成都经济开发区、重庆经济开发区的产业合作建设。同时，鼓励遂宁、资阳和宜宾等城市积极建设国家高新技术产业拓展区，铸造新型工业化产业示范园区，促进渝北—广安等横跨省市邻近地区的产业合作园区建设。支持自贡等传统工业区转型升级，利用数字技术优势，建设现代化智能产业体系，打造全新产业链供应链，提升产业链供应链韧性。建立新时代对外开放示范城市，创新“飞地经济”“一区多园”等多种新型建园方式，推动各类产业集聚区和开发区政策叠加、共建现代化产业体系。积极承接产业转移，发挥要素成本、市场和通道优势，以更大力度、更高标准承接东部地区和境外产业链整体转移、关联产业协同转移，补齐建强产业链供应链。积极发挥产业转移项目库作用，建立跨区域承接产业转移协调机制，完善信息对接、权益分享、税收分成等政策体系。布局产业转移集中承接地，安排中央预算内投资支持国家级新区、承接产业转移示范区重点园区的基础设施和公共服务平台建设，不断提升承接产业能力，研究以市场化方式设立区域产业协同发展投资基金，支持先导型、牵引性重大产业项目落地。培育具有国际竞争力的先进制造业集群，以智能网联和新能源为主攻方向，共建高水平汽车产业研发生产制造基地，聚焦航空航天、轨道交通、能源装备、工业机器人、仪器仪表、数控机床、摩托车等领域，培育世界级装备制造产业集群。整合白酒主产区优质资源，壮大健康食品、精品服饰、特色轻工

等产业，培育特色消费品产业集群。深入推进国家战略性新兴产业集群发展工程，前瞻布局一批先导产业，壮大先进材料产业，协同发展生物医药、医疗器械、现代中药产业，共建西部大健康产业基地。

二是助推现代服务业高质量发展。促进先进制造业与服务业融合发展，引导制造型企业延伸服务链条、发展服务环节，推动生产服务型企业创新服务供给，提升制造业服务化水平和全产业链价值，在研发设计、科技服务、商务咨询、人力资源服务等领域，联合打造一批服务品牌。依托优势企业培育发展工业设计中心，支持食品药品检测基地、重庆工业设计产业城等建设；支持在成渝地区双城经济圈建设国家检验检测高技术服务业集聚区；支持川渝毗邻地区建立人力资源服务产业园，鼓励重庆、成都等开展先进制造业和现代服务业融合发展试点。同时，提升商贸物流发展水平，强化重庆、成都国家物流枢纽功能，合力建设国际货运中心，支持遂宁、达州、泸州、自贡等打造区域性物流中心，支持全货运航空公司在成渝地区设立基地，加快完善多式联运国际物流服务网络，打造多元化、国际化、高水平物流产业体系，培育发展龙头企业。围绕优势产业和主导产品，差异化建设一批内外贸相结合的专业市场。

三是打造数字经济应用新场景。持续完善新一代信息基础设施。完善工业互联网标识解析国家顶级节点功能，加快建设二级节点。积极发展物联网，建设全面覆盖、泛在互联的城市智能感知网络。开展新一代移动通信网络试验验证，实施车联网试点示范建设工程，加快提升传统基础设施智能化水平。同时，聚焦集成电路、新型显示、智能终端等领域，打造“云联数算用”要素集群和“芯屏器核网”全产业链，培育超高清视频、人工智能、区块链、数字文创等创新应用，联手打造具有国际竞争力的电子信息产业集群。大力发展数字经济，推动数字产业化、产业数字化，促进软件、互联网、大数据等信息技术与实体经济深度融合，加快重点领域数字化发展，引领产业转型升级。围绕产业发展需要，推动共建成渝地区双城经济圈工业互联网一体化发展示范区、区域协同公共服务平台和服务体系，构建全国领先的“5G + 工业互联网”生态，支持联合建设国家数字经济创新发展试验区和国家数字服务出口基地，建设“智造重镇”和“智慧名城”。

7.3 系统外部环境保障

7.3.1 政策环境保障

一是加强政策支持。制定具有前瞻性和针对性的成渝地区双城经济圈数字经济政策，为人工智能、大数据、云计算、物联网等关键数字技术研发和应用提供政策支持和资金扶持。同时，深化税收制度改革，减轻企业负担。针对特定行业和领域制定差别化的税收政策，进一步降低企业所得税税率、扩大增值税抵扣范围、简化税收征管流程等，降低企业税收成本。设立专项基金，出台高新信息技术产品研发等优惠政策，鼓励企业和研究机构开展创新研究和技术开发，通过提供税收减免、研发补贴、贷款贴息等激励措施，鼓励更多企业参与到数字经济建设中，加大数字技术科研投入力度。优化财政政策，加大对数字产业、高新技术产业、战略性新兴产业和未来产业的扶持力度，通过减税降费、财政补贴等方式，降低企业运营成本，提高盈利能力。完善金融服务体系，拓宽融资渠道，降低融资成本，为企业提供多元化的金融产品和服务。加强政府与金融机构的合作，建立产业投资基金和风险投资基金，引导社会资本投向重点产业和关键领域，为成渝地区双城经济圈产业高质量发展提供持续稳定的资金支持。

二是强化政策协同。制定成渝地区双城经济圈产业发展空间布局规划，明确产业发展方向和目标，构建一体化发展政策框架。立足两地实际情况，综合考虑资源禀赋、产业基础、交通区位等因素，制定出既符合地方特色又能实现协同发展的规划方案。同时，强化政策协同，确保各项政策在成渝两地间无缝对接，形成政策合力，共同推动成渝地区双城经济圈产业高质量发展。通过建立联席会议制度、签署合作协议等方式，加强成渝两地政府部门之间的沟通和协调。针对产业发展的重点、难点、痛点、堵点问题，共同研究制定政策措施，形成政策共识，确保政策的针对性和有效性。通过设立产业协同发展基金、搭建产业协作平台等方式，推动成渝两地企业在资金、技术、市场等方面的合作与交流，激发企业参与成渝地区双城经济圈建设的动力和活力。

三是强化政府引导。加强政策引导与规划布局，出台一系列支持数字产业集群发展的政策措施，明确发展目标、重点任务和保障措施。同时，制定成渝地区双城经济圈数字产业布局规划，优化数字产业发展的空间分布，形成错位发展、协同共进的良好格局。加强产业政策的协调性，确保各项政策相互衔接、形成合力，为成渝地区双城经济圈数字产业集群发展提供有力保障。促进数字产业集群间的创新合作与资源共享，鼓励区域内企业间开展技术合作、项目合作和市场合作，共同推动数字产业集群的技术创新和市场拓展。同时，搭建数字产业集群内部资源共享平台，实现人才、技术、资金等资源的优化配置和高效利用，加强产学研用深度融合，推动产业链、创新链、价值链、资金链、人才链融合发展。

7.3.2 技术环境保障

一是搭建共性技术平台。产业共性技术平台的建设对于提升产业整体的创新能力和竞争力至关重要，支持行业共性技术平台的搭建，推动平台在产业关键共性技术研发、标准制定、技术转移等方面发挥积极作用。鼓励平台与企业深度合作，为企业提供技术支持和解决方案，促进产业的转型升级。设立专项基金，鼓励企业、高校和科研机构开展基础研究与应用研究。针对关键核心技术领域，实施重点研发计划，引导企业加大研发投入，开展原始创新，突破“卡脖子”环节，形成一批具有自主知识产权的核心技术和关键产品。深化高校、科研机构与企业之间的合作机制，建立产学研合作联盟，提高科技成果落地转化率。通过设立联合研发项目、共建实验室等方式，促进产学研各方的资源共享和优势互补，加速科技成果的市场化、产业化进程。

二是优化科技创新环境。制定研发经费补贴、税收减免等一系列针对性优惠政策，以直接的经济激励引导企业加大研发投入，积极投身技术创新活动。建立健全科技创新服务体系，整合各类科技资源，为企业提供从技术咨询、项目申报到成果转化等全方位的服务，确保科技创新活动的顺利进行。进一步完善知识产权法律法规体系，明确创新成果的权益归属和侵权行为的法律责任，为创新者提供坚实的法律保障，加大知识产权侵权行为的打击力度，严格执法，形成对侵权行为的有效震慑。建立知识产权交易平台，保护创新成果，推动知识产权的流转和商业化应用，实现创新成果的价值最大化。

三是营造良好创新氛围。营造浓厚的创新文化氛围，提升成渝地区双城经济圈区域创新能力软实力。加强创新文化培育，通过在学校、企业和社会各个层面普及创新理念，培养创新精神和创新意识。加大科技创新宣传和普及力度，政府、教育机构、企业和社会组织共同努力，通过举办创新讲座、研讨会、创新大赛等形式多样的活动，让公众广泛接触和了解创新的重要性。利用媒体平台广泛宣传创新案例和成功经验，树立创新典范，提高全民对科技创新的认识和重视程度，激发全社会对创新的热情和兴趣。教育体系应注重培养学生的创新思维和创新能力，将创新理念融入课程设置和教学方法中，通过引入创新课程、开展创新实验和创新实践等方式，激发学生的创造潜力和创新精神。通过举办各类科技创新活动和竞赛，鼓励社会各界广泛参与，激发全社会的创新活力和热情，形成人人关注创新、人人参与的良好创新氛围。

7.3.3 经济环境保障

一是激发市场活力。规范行政审批、许可、备案等政务服务事项的前置条件和审批标准，稳步开展市场准入效能评估，建立市场准入壁垒投诉与处理回应机制。加强市场监管力度，确保公平竞争的市场秩序，防止市场垄断和不正当竞争行为的发生。建立健全市场监管体系，加强对市场主体的监督和管理，保护企业合法权益，维护市场稳定。推动要素市场改革，优化资源配置，提高要素使用效率，增强要素在区域之间的流动，为产业发展提供有力支撑。完善土地、资本、劳动力等要素市场，推动要素自由流动和优化配置。注重政策协同和区域合作，加强政策沟通和协调，推动成渝地区双城经济圈市场一体化进程，形成统一开放、竞争有序的市场体系，加强与其他地区的合作与交流，共同推动成渝地区双城经济圈经济协同发展，实现互利共赢。

二是完善激励约束机制。推广信用承诺制度，将承诺与履约信息纳入信用记录，发挥信息激励机制作用，提升信用良好企业的获得感。健全失信行为纠正的信用修复机制，完善政府诚信履约机制，建立政务失信记录与惩戒制度，将有关企业的违约、毁约、拖欠账款、拒不履行司法裁判等失信信息纳入全国信用信息共享平台。建立奖励制度，明确对信用良好的个人和企业给予税收优惠、信贷支持等激励措施，形成正向的激励机制。此外，加强信用信息的公示和共享，提高信用的透明度和可追溯性，降低交易成本和风险。全面落实公平竞争的政策制度，健全公平竞争制度框架与政策实施机制，坚持对各类所有制企业一视同仁、平等对待。定期推出市场干预行为负面清单，及时清理废除含有地方保护、市场分割、指定交易等妨碍统一市场与公平竞争的政策。

三是打造良好营商环境。聚焦产业链扩链、补链、强链的具体需要，有针对性地改进和优化营商环境。围绕产业园区和产业链的营商环境需求，突出本地营商环境的产业聚焦性和特色，使营商环境的特色更加凸显，为做强做大产业链提供有利环境支撑。注重营商环境优化的系统性和协同性，坚持一体设计、整体布局和联动推进，建立营商环境优化领导小组，形成会商、联席会议等议事协调机制，明确牵头部门和主责部门，使相关部门可以在分工的同时有合作，各类政策能够在分解的同时有联动。同时，进一步加强网络舆论引导和网络舆情疏导，为营商环境优化创造健康规范的网络空间，关注营商环境关键维度存在的突出问题，使营商环境优化落到实处，政府部门需要更多地从企业端获取各类反馈数据，使企业为营商环境评价提供真实可靠的数据，避免因环境评价偏离实际情况而误导营商环境优化方向。

7.4 本章小结

本章综合考虑成渝地区双城经济圈数字经济与产业融合共生发展的系统内外部因素，从系统内部融合路径与系统外部环境保障两个方面，提出数字赋能成渝地区双城经济圈产业高质量发展的实现路径。

第一，系统内部融合路径。一是释放数字经济红利，推进数实融合发展，具体包括持续构建数字生态、夯实新型基础设施建设，以及构建数字产业集群协同发展机制。二是协同推进产业发展，缩小产业发展差距，具体包括加强区域产业发展互联互通、发挥中心城市辐射带动作用，以及优化区域产业发展布局。三是加强创新要素集聚，激发产业创新潜力，具体包括打造产业创新优势、增强创新人才储备，以及构建区域协同创新体系。四是加强政府引导，推进政产学研合作，具体包括发挥科技工业园区作用、建设企业孵化器，以及积极推进专利许可和技术转让。五是建设现代智能产业体系，提升产业链供应链韧性，具体包括推动传统制造业数字化转型、助推现代服务业高质量发展，以及打造数字经济应用新场景。

第二，系统外部环境优化。从政策、技术、经济三方面对数字赋能成渝地区双城经济圈产业高质量发展的外部环境保障展开探讨。在政策环境保障方面，应加强政策支持，强化政策协和政府引导；在技术环境保障方面，应搭建共性技术平台，优化科技创新环境，营造良好创新氛围；在经济环境保障方面，应激发市场活力，完善激励约束机制，打造良好的营商环境。

参考文献

[1] HERMANSSONE, MARTENSSONL. Empowerment in the midwifery context a concept analysis [J]. Midwifery, 2011, 27 (6): 811-816.

[2] LENKA S, PARIDA V, WINCENT J. Digitalization capabilities as enablers of value co-creation in servitizing firms [J]. Psychology & Marketing, 2017, 34 (1): 92-100.

[3] 周文辉，邓伟，陈凌子. 基于滴滴出行的平台企业数据赋能促进价值共创过程研究 [J]. 管理学报，2018，15 (8): 1110-1119.

[4] 张国胜，杜鹏飞，陈明明. 数字赋能与企业技术创新——来自中国制造业的经验证据 [J]. 当代经济科学，2021，43 (6): 65-76.

[5] 杨嵘均，操远芃. 论乡村数字赋能与数字鸿沟间的张力及其消解 [J]. 南京农业大学学报 (社会科学版)，2021，21 (5): 31-40.

[6] 李燕凌，陈梦雅. 数字赋能如何促进乡村自主治理？——基于"映山红"计划的案例分析 [J]. 南京农业大学学报 (社会科学版)，2022，22 (3): 65-74.

[7] 李维梁. 数字赋能新疆经济高质量发展的理论分析和实现路径 [J]. 新疆社科论坛，2022 (6): 79-84+98.

[8] 郑瑞强，刘烨斌，宋振江. 数字赋能未来乡村发展：逻辑检视与实践向度 [J]. 重庆社会科学，2023 (1): 46-59.

[9] 王宏婕. 数字赋能基层治理优化思考 [J]. 合作经济与科技，2024 (8): 167-169.

[10] 孙新波，苏钟海. 数据赋能驱动制造业企业实现敏捷制造案例研究 [J]. 管理科学，2018 (5): 117-130.

[11] 周新德，周杨．数字经济赋能乡村产业振兴的机理、障碍与路径研究 [J]．粮食科技与经济，2021，46 (5)：21 - 26.

[12] 杨梦洁．数字经济驱动城乡产业链深度融合的现状、机制与策略研究 [J]．中州学刊，2021 (9)：28 - 34.

[13] 李天宇，王晓娟．数字经济赋能中国“双循环”战略：内在逻辑与实现路径 [J]．经济学家，2021 (5)：102 - 109.

[14] 王亚华，李星光．数字技术赋能乡村治理的制度分析与理论启示 [J]．中国农村经济，2022 (8)：132 - 144.

[15] 马晓君，李艺婵，傅治，等，空间效应视角下数字经济对产业结构升级的影响 [J]．统计与信息论坛，2022 (11)：14 - 25.

[16] 谢文帅，宋冬林，毕怡菲．中国数字乡村建设：内在机理、衔接机制与实践路径 [J]．苏州大学学报（哲学社会科学版)，2022，43 (2)：93 - 103.

[17] 杨志萍．数字赋能乡村产业振兴的内在逻辑与现实选择 [J]．湖北经济学院学报（人文社会科学版)，2022，19 (3)：32 - 36.

[18] 戴翔，曾令涵，熊凤琴．数字技术、全球增长共赢链与中国高水平开放 [J]．江苏行政学院学报，2022 (4)：38 - 44.

[19] 韩晶，陈曦．数字经济赋能绿色发展：内在机制与经验证据 [J]．经济社会体制比较，2022 (2)：73 - 84.

[20] 张凤臣．强化数字赋能助推县域经济高质量发展 [J]．中国市场，2023 (9)：22 - 24.

[21] 茹少峰，魏博阳，刘家旗．以效率变革为核心的我国经济高质量发展的实现路径 [J]．陕西师范大学学报（哲学社会科学版)，2018，47 (3)：114 - 125.

[22] 涂人猛．构建产业高质量发展体系的基本思路——以湖北省为例 [J]．湖北社会科学，2019 (7)：28 - 31.

[23] 张永恒，郝寿义．高质量发展阶段新旧动力转换的产业优化升级路径 [J]．改革，2018 (11)：30 - 39.

[24] 徐鹏杰，杨萍．扩大开放、全要素生产率与高质量发展 [J]．经济体制改革，2019 (1)：32 - 38.

[25] 刘志彪，凌永辉．结构转换、全要素生产率与高质量发展［J］．管理世界，2020，36（7）：15－29.

[26] 付晨玉，杨艳琳．中国工业化进程中的产业发展质量测度与评价［J］．数量经济技术经济研究，2020，37（3）：3－25.

[27] 余泳泽，段胜岚，林彬彬．新发展格局下中国产业高质量发展：现实困境与政策导向［J］．宏观质量研究，2021，9（4）：78－98.

[28] 吴华英，刘霞辉，苏志庆．产业结构变迁对经济增长质量的影响研究——基于修正的份额变化分析法［J］．经济学家，2021（7）：73－82.

[29] 崔耕瑞．中国产业高质量发展水平测度及评价［J］．统计与决策，2022，38（5）：85－90.

[30] 贺晓宇，沈坤荣．现代化经济体系、全要素生产率与高质量发展［J］．上海经济研究，2018（6）：25－34.

[31] 温大安．新时代供给侧改革"三性"思考［J］．经济研究导刊，2019（8）：1－4.

[32] 袁纯清．共生理论及其对小型经济的应用研究［J］．改革，1998（2）：100－104.

[33] 于刃刚．三次产业分类与产业融合趋势［J］．世界经济与政治，1997（1）：42－43.

[34] 卢东斌．产业融合：提升传统产业的有效途径［J］．经济工作导刊，2001（6）：4.

[35] 植草益．信息通讯业的产业融合［J］．中国工业经济，2001（2）：24－27.

[36] 岭言．产业融合发展——美国新经济的活力之源［J］．工厂管理，2001（3）：25－26.

[37] 周振华．产业融合：产业发展及经济增长的新动力［J］．中国工业经济，2003（4）：46－52.

[38] 聂子龙，李浩．产业融合中的企业战略思考［J］．软科学，2003（2）：80－83.

[39] 胡汉辉，邢华．产业融合理论以及对我国发展信息产业的启示

[J]. 中国工业经济，2003（2）：23－29.

[40] 吴颖，刘志迎，丰志培. 产业融合问题的理论研究动态 [J]. 产业经济研究，2004（4）：64－70.

[41] 白新华，李国英. 以数实融合提升产业链供应链韧性的现实思考 [J]. 区域经济评论，2023（6）：63－68.

[42] 丁述磊，刘翠花，李建奇. 数实融合的理论机制、模式选择与推进方略 [J]. 改革，2024（1）：51－68.

[43] 刘永文，李睿. 数实融合能否改善要素市场扭曲 [J]. 软科学：1－14 [2024－03－27].

[44] [德] 哈肯，凌复华，协同学：大自然构成的奥秘 [M]. 上海：上海译文出版社，2005.

[45] 李辉. 区域一体化中地方政府间合作的预期与挑战——以协同理论为分析框架 [J]. 社会科学辑刊，2014（1）：107－110.

[46] 郭烁，张光. 基于协同理论的市域社会治理协作模型 [J]. 社会科学家，2021（4）：133－138.

[47] 刘晶晶. 基于协同理论的高职教育产教融合机制及优化策略研究 [D]. 武汉：华中师范大学，2020.

[48] 李英杰，韩平. 中国数字经济发展综合评价与预测 [J]. 统计与决策，2022，38（2）：90－94.

[49] 陈晓红，李杨扬，宋丽洁，等. 数字经济理论体系与研究展望 [J]. 管理世界，2022，38（2）：208－224＋13－16.

[50] 赵涛，张智，梁上坤. 数字经济、创业活跃度与高质量发展——来自中国城市的经验证据 [J]. 管理世界，2020，36（10）：65－76.

[51] 杨慧梅，江璐. 数字经济、空间效应与全要素生产率 [J]. 统计研究，2021，38（4）：3－15.

[52] 柏培文，张云. 数字经济、人口红利下降与中低技能劳动者权益 [J]. 经济研究，2021，56（5）：91－108.

[53] 陈文，吴赢. 数字经济发展、数字鸿沟与城乡居民收入差距 [J]. 南方经济，2021（11）：1－17.

[54] 笪远瑶，王珊珊，周京奎．数字经济促进消费升级了吗？[J]．贵州财经大学学报，2022 (6)：31 -42.

[55] 陈建，邹红，张俊英．数字经济对中国居民消费升级时空格局的影响 [J]．经济地理，2022，42 (9)：129 -137.

[56] 汤畅．数字经济推动下各省经济高质量发展的实证研究 [J]．中国商论，2024 (2)：67 -71.

[57] 辛阳，贺民澍，何银宁．西部地区十二省份数字经济发展水平测度与碳排放影响的关系研究 [J]．中国商论，2024 (2)：72 -79.

[58] 王志刚，李小梦，胡宁宁．数字经济对我国区域协调发展的影响研究——基于经济增长收敛视角的分析 [J]．城市问题，2024 (1)：75 -83.

[59] 尹万玲．数字经济赋能供应链产业链安全稳定发展的策略研究 [J]．商展经济，2024 (1)：87 -90.

[60] 张永奇，单德朋．数字经济、社会信任与全国统一大市场 [J]．当代经济管理：1 -15 [2024 -03 -26].

[61] 潘冬．数字经济赋能战略性新兴产业创新发展研究 [J]．理论探讨，2022 (5)：168 -172.

[62] 陈晓东，杨晓霞．数字经济发展对产业结构升级的影响——基于灰关联熵与耗散结构理论的研究 [J]．改革，2021 (3)：26 -39.

[63] 任保平．数字经济引领高质量发展的逻辑、机制与路径 [J]．西安财经大学学报，2020，33 (2)：5 -9.

[64] 李娟，刘爱峰．数字经济驱动中国经济高质量发展的逻辑机理与实现路径 [J]．新疆社会科学，2022 (3)：47 -56.

[65] 谢思，夏先瑞．数字经济赋能制造业高质量发展的内在机理与实现路径 [J]．开发研究，2022 (5)：9 -18.

[66] 李佩函．中国粮食产业高质量发展机理与实现路径 [J]．粮食科技与经济，2023，48 (1)：4 -9.

[67] 夏杰长，张雅俊．数字化赋能服务业高质量发展的内在机理与路径 [J]．社会科学战线，2024 (3)：41 -50.

[68] 贾康，张晶晶．以协同创新促进中小企业特色产业集群高质量发展：

内在机理、现实困境与突破路径［J］. 改革与战略，2024，40（1）：119－130.

［69］周迪. 成渝地区数字经济发展现状及驱动策略探究［J］. 投资与创业，2023，34（13）：34－36.

［70］王大琼. 成渝地区现代化产业体系协同创新发展研究［J］. 中小企业管理与科技，2024（1）：164－166.

［71］黄庆华，向静，潘婷. 成渝地区双城经济圈产业融合发展：水平测度、时空分布及动力机制［J］. 重庆大学学报（社会科学版），2023，29（6）：17－35.

［72］孙畅，冯仁琼. 数字经济与产业耦合共生发展——以成渝地区双城经济圈为例［J］. 统计与决策，2024，40（3）：133－138.

后　记

数字经济已成为推动中国经济转型和产业升级的重要动能，促进数字经济和实体经济深度融合，是加快推进经济高质量发展、培育和发展新质生产力的内在要求和重要着力点。成渝地区双城经济圈是我国西部人口最密集、产业基础最雄厚、创新能力最强、市场空间最广阔、开放程度最高的区域，在国家发展大局中具有独特而重要的战略地位。重庆和四川作为国家数字经济创新发展试验区，如何充分发挥数字经济在生产要素配置中的优化与集成作用，通过数字经济与实体经济深度融合，提升实体经济发展韧性和创新能力，是成渝地区双城经济圈建设中必须解决的现实问题。本书以“数字经济与实体经济深度融合”“成渝地区双城经济圈高质量发展”为背景，对数字赋能成渝地区双城经济圈产业高质量发展问题进行研究，探寻数字赋能产业高质量发展的逻辑机理，分析成渝地区双城经济圈数字经济及产业发展现状，对成渝地区双城经济圈数字经济与产业融合共生水平进行测度，提出成渝地区双城经济圈数字赋能产业高质量发展的模式选择及实现路径，对于推动成渝地区双城经济圈产业数字化转型，实现数字经济与实体经济高质量融合发展具有重要意义。

本书是在笔者主持的重庆市教委人文社会科学重点研究基地项目“数字赋能成渝地区双城经济圈产业高质量发展研究”（22SKJD099）研究报告的基础上整理修改而成的。本书的写作和出版得到了教育部人文社会科学重点研究基地重庆工商大学成渝地区双城经济圈建设研究院和重庆市人文社会科学重点研究基地区域经济研究院的大力支持，得到了重庆工商大学成渝地区双城经济圈建设研究院“商贸流通”科研（智库）团队（CJSYTD201701）的资助，在此表示深深感谢。在本书数据收集和资料整理等方面得到了李晓宇和高子旭两位研究生同学的鼎力支持，对她们的辛苦付出表示诚挚感谢。同时，在本书出版过程中，中国财政经济出版社的编辑老师给予了大力的支持，并做了大量的工作，在此表示诚挚感谢。

在本书撰写过程中，参考和借鉴了同行学者的相关研究成果，受到诸多启发，向这些优秀文献资料的学界同仁表示感谢。

限于作者的学识水平，书中难免存在疏漏之处，热忱欢迎学界前辈、同仁及相关工作部门的同志不吝指正！

孙　畅
2024 年 12 月